图说世界财经·金融普及读物

文明古国财经故事

⑦

金融微澜：拉丁美洲脆弱的握手

江晓美　著

中国科学技术出版社

·北　京·

图书在版编目（CIP）数据

金融微澜：拉丁美洲脆弱的握手/江晓美著. —北京：中国科学技术出版社，2011.9

（文明古国财经故事）

ISBN 978-7-5046-5914-9

Ⅰ. ①金… Ⅱ. ①江… Ⅲ. ①经济史－拉丁美洲－通俗读物 Ⅳ. ①F173.09-49

中国版本图书馆 CIP 数据核字（2011）第 167297 号

责任编辑：王明东
封面设计：何亚虹
责任校对：林　华
责任印制：王　沛

中国科学技术出版社出版
北京市海淀区中关村南大街 16 号　邮政编码：100081
电话：010-62173865　传真：010-62179148
http://www.cspbooks.com.cn
科学普及出版社发行部发行
北京玥实印刷有限公司印刷

*

开本：787 毫米×960 毫米　1/16　印张：5　字数：80 千字
2011 年 9 第 1 版　2011 年 9 第 1 次印刷
印数：1—5000 册　定价：15.00 元
ISBN 978- 7-5046-5914-9/F · 724

上篇 一厢情愿的握手

图片故事：拉丁美洲不是地理概念，而是地缘政治概念

图中深色的区域是一片包括法语区、荷兰语区、西班牙语、葡萄牙语的广袤区域。一般所说的拉丁美洲，则大致指美国以南的美洲国家，具体说法不一。

图片故事：拉丁美洲的故事（1）拉丁美洲的北部“边界”

共济会提出拉丁美洲概念的时候，曾经包括美洲的大部分地区，甚至包括一些今天位于美加地区的银行领地。图为华尔街银团控股的美国联邦邮政系统发行的邮票，内容为新墨西哥州。19世纪，这片广袤的土地，也被看成是拉丁美洲的一部分。

一、拉丁美洲的界定

华尔街僭主控制着世界的信用供给，这种垄断性的家族资本力量，迅速地击溃了世界各国的资产阶级。金融僭主罗思柴尔德家族摘取了资本凝结战争的终极桂冠，也开启了金融僭主世袭家天下体制的罪恶之门。

拉丁美洲不是地理概念，而是地缘政治概念。拉丁美洲的定义并不统一。一般来说，拉丁美洲是指除了美国和加拿大之外的美洲国家。我们这个故事中的拉丁美洲，沿用了这个定义。

过去，拉丁美洲有时包括加拿大，有时不包括圭亚那、苏里南、法属圭亚那。有时是指除官方语言为葡萄牙语的巴西之外的官方语言为西班牙语的美洲国家。从工业化水平和世界政治的角度，亚非拉是一个被广泛接受的概念，这里的拉丁美洲特指美洲所有的第三世界国家。

图片故事：拉丁美洲的故事（2）华盛顿哥伦比亚特区的由来

无论是拉丁美洲的概念，还是哥伦比亚的概念，都与跨国银团的美洲建国运动密不

可分。今天，人们常把美加等发达的美洲国家作为一个独立的概念，余者划入拉丁美洲。殖民主义初期，相对于欧洲来说，跨国银团把整个美洲看成是“拉丁美洲新世界”。

图为美国首都华盛顿哥伦比亚特区的徽章。请注意左边的光照者。

二、拉丁共和国、世界政府和拿破仑三世

（一）拉丁共和国

19世纪，锡安长老会提出了“拉丁共和国”的概念，这个提法背景很复杂，深刻地影响着美洲的地缘政治格局。19世纪，金融僭主罗思尔德家族扶植拿破仑，建立了统一了大半个欧洲的拿破仑帝国，这个帝国的央行就是罗氏控股的法兰西银行。

19世纪初，非洲和大洋洲很落后，政治力量薄弱，不是跨国垄断金融资本进行资本争霸的制高点。第一次鸦片战争之前的清朝，外表还算光鲜和强大，但内部腐败不堪，跨国银团也不急于在清朝动手。

图片故事：拉丁美洲的故事（3）何为“拉丁”？

欧洲的古代史大部分源自文艺复兴时期的犹太羊皮书。4世纪以前，罗马帝国并不存在。文艺复兴时期，跨国银团提出要复兴罗马奴隶制社会，这个史前神国的语言，即所谓的“古拉丁语”。拉丁语并不古老，也非口头语言，仅是一些宗教势力为了故弄玄虚而炮制的宗教书面语言。文艺复兴时期，拉丁语走入了课堂。

图为今天哥伦比亚共和国的国旗（注 1，原图为彩色）。

那时，欧洲资产阶级最大的海外利益在辽阔富饶的美洲。罗氏控制了美国，却必须考虑代理人集团的制衡问题。美国地盘不小，但相对于美洲和美洲人民来说，则有点小巫见大巫了。

罗思柴尔德家族提出了一个天才的地缘政治构想：拉丁共和国，包括今天的加拿大、新墨西哥州和今天的拉丁美洲地区。美国成了一个银行家扶植和控制的政治孤岛，强而小、强而危。拉丁美洲的反美势力，在罗氏的扶植下，大而空泛、弱且长存。

拉丁共和国的概念是寄生在美国华尔街跨国垄断金融僭主集团为了削弱和控制美国政府和人民，缔造的大系统的、目的为“平衡保险”的地缘政治机制。拉丁共和国的地缘政治概念，也称拉丁美洲。

图片故事：拉丁美洲的故事（4）“古拉丁语”与“古希伯来语”

随着东正教和天主教的形成，宗教语言逐渐成熟和分化。现在的拉丁语有所不同。拉丁即“神的语言”，文艺复兴之前却有黑话的意思。文艺复兴中，拉丁语被界定为古希伯来语的衍生体。

犹太人出现很晚，与欧洲主流文化格格不入。他们假借“圣经”中的“神的选民”，即“希伯来人”的概念，自称犹太人，“古拉丁语”成了“神的语言”。共济会神话中的“拉丁之国”即“极北之地”，这暗喻一个共济会银团的“神圣之国”。

图为共济会缔造的“大哥伦比亚国”的国旗。

（二）拿破仑三世

拿破仑接受洛希尔银行的资助，成为罗氏的代理人。他上台伊始，建立罗氏为第三大控股者的法兰西银行。拿破仑是一个野心家，他要了增股两倍的花招，控股法兰西银行。结果，拿破仑两次入狱，最后死得不明不白，这些股份归了拿破仑家族的理财人——洛希尔银行。

拿破仑三世（1808～1873）是现代共济会扶植的代理人。拿破仑三世纵容法兰西银行积累高利贷资本，提出了世界政府的概念。拉丁美洲或称拉丁共和国的说法变成政治语言，始自拿破仑三世。

拿破仑三世的身份值得怀疑。根据正史记载，拿破仑三世既是拿破仑的继外孙，又是拿破仑的侄子——其继女和其弟的小儿子。拿破仑的妻子约瑟芬（1763～1814）是犹太光照会的高级情报成员。拿破仑统一了大半个欧洲以后，让自己的弟弟路易·拿破仑（1778～1846）当荷兰国王。

图片故事：拉丁美洲的故事（5）“国际法庭”与共济会银团

为了实现跨国金融僭主的经济利益，必须组建一系列暴力构架相配合。独立的央行体系是共济会银团在各国的金融情报机构和影子政府，独立的司法体系和所谓的“国际法庭”是控制代理人政府的跨国司法体系。

图为所谓的新格拉纳达总督辖区的徽章，名义上属于西班牙殖民者政府，实际上却控制在华尔街手中。

约瑟芬的前夫博阿尔内子爵亚历山大在法国大革命期间，因间谍罪被处决。拿破仑不是法国人，而是反法银行武装的后人（注 2）。拿破仑娶了约瑟芬后，把约瑟芬和亚历山大的女儿奥坦丝（1783～1837），即拿破仑的继女嫁给了自己的弟弟路易·波拿巴。

根据正史的说法：拿破仑三世是路易·波拿巴和奥坦丝的小儿子。

（三）拿破仑三世的拉丁美洲构想

拿破仑三世并不像一个贵族子弟，更像是一个混迹于黑社会的流氓无赖。他早年加入意大利老烧炭党，即犹太共济会组织“我们的事业”，成了一个职业流氓。

图片故事：拉丁美洲的故事（6）银行领地与新格拉纳达总督辖区

16 世纪，跨国银团在波哥大（今哥伦比亚首都）建立了一个“国际法庭”。这个法庭名义隶属于西班牙总督，却有自己的银行武装和金融领地，直接听命于跨国银团。

这片领地史称：新格拉纳达总督辖区。

图为新格拉纳达总督辖区的旗帜。该地区名义上属于西班牙殖民政府。

拿破仑三世一直受到瑞士银团，也就是罗氏银团的庇护。他本人同时拥有瑞士与荷兰的国籍。他称帝依靠的组织是罗氏出资建立的、黑社会成员构成的金融黑帮——十二月十日社。这个组织被宣传为慈善组织，实则是一个乌七八糟的混合体。这种做法和路线，不像一个贵族子弟的做派。

马克思对拿破仑三世的十二月十日社的构成和拿破仑三世本人，有过这样的精彩描述：这个团体在 1849 年就成立了。它名义上是个慈善团体，实际上是由巴黎流氓无产阶级组成的一些秘密团体，每一个团体都由波拿巴的走狗们领导，总领导人是一个波拿巴派的将军。在这个团体里，除了一些来历不明和生计可疑的破落放荡者之外，除了资产阶级可憎的败类中的冒险分子之外，还有一些流氓、退伍的士兵、释放的刑事犯、脱逃的劳役犯、骗子、卖艺人、游民、扒手、玩魔术的、赌棍、私娼狗腿、妓院老板、挑夫、下流作家、拉琴卖唱的、捡破烂的、磨刀的、镀锡匠、叫花子，一句话，就是随着时势浮沉流荡而被法国人称作浪荡游民的那个五颜六色的不固定的人群。

图片故事：拉丁美洲的故事（7）新格拉纳达总督辖区与“新格拉纳达”

跨国银团缔造的“拉丁国际法庭”赋予了所谓的新格拉纳达总督辖区合法存在的权力，这片银行领地逐渐演变为“新格拉纳达”（1717～1819）。这片总督没有实际管辖权的银行领地，就是大哥伦比亚国的前身。共济会银团控制着殖民政府，而不是相反。

图为“新格拉纳达”的“标准版图”，实际还要大许多。

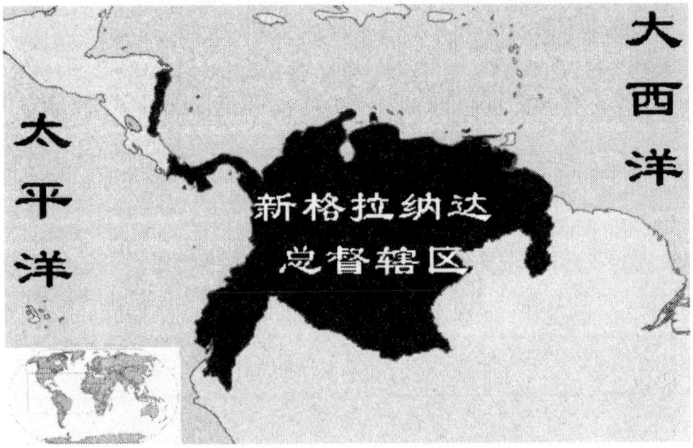

波拿巴把这些跟他同类的分子组成十二月十日会即“慈善会”的核心，因为这个团体的所有的成员都和波拿巴一样感到自己是需要靠国内的劳动群众来周济。波拿巴是流氓无产阶级的首领，他只有在这些流氓无产者身上才能找到他自己的个人利益的大量反映，他把这些由所有各个阶级中淘汰出来的渣滓、残屑和糟粕看做他自己绝对能够依靠的唯一的阶级，这就是真实的波拿巴，这就是不加掩饰的波拿巴。他这个老奸巨猾的痞子，把各国人民的历史生活和这种生活所演出的一切悲剧，都看作最鄙俗的喜剧，看作专以华丽的服装、辞藻和姿势掩盖最鄙陋的污秽行为的化装跳舞会（注 3）。

简而言之，现代共济会成员拿破仑三世忠实地代表着跨国垄断金融资本的利益，不论在经济领域，还是“思想领域”。他实施的英法联军火烧圆明园（1860），对中国人民犯下了滔天的罪行。仅仅 10 年后 1870 年，他被罗氏抛弃，身陷囹圄。未几，不明不白地死在伦敦（1873）。

图片故事：光照会的血线与拉丁美洲构想的形成（1）拿破仑三世的祖母：约瑟芬

约瑟芬（1763～1814，图）这个人物很神秘，有人说拿破仑与约瑟芬离婚是拿破仑走下坡路的开始。拿破仑青春年少，心气高傲，却娶了一个徐娘半老、已有儿女的寡妇约瑟芬。这是拿破仑与罗氏银团的政治交易，约瑟芬原名德拉帕热利，出生于犹太金融贵族家庭。约瑟芬是共济会的高级情报人员和洛希尔银行的小股东。

约瑟芬不见得不喜爱拿破仑，拿破仑对她却是提防大于爱情。

表面上看，拿破仑三世时代，法国工业化程度加深了，法国产值增加了，法国店铺繁荣了。但在深层次的战略层面，法国却深受其害。此前，法国是欧洲的制造业中心和金融中心。此后，法国是一个高物价区构成的金融国家。巴黎成了一个有钱人的天堂。法国社会动荡不安，直到今天。

三、华尔街的扶弱策略与拉丁美洲的地缘政治态势

华尔街银团不是服务于欧美工商业资本的金融奴仆，更不是服务于欧美人民的金融公仆。华尔街银团是效忠于罗思柴尔德家族跨国金融僭主世袭家天下体制的金融情报工具和影子政府。

美国是世界上唯一一个公开用全球帝国思维安排全球战区的国家，华尔街银团是这一思维的始作俑者。从金融战役的角度来看，华尔街的统治策略与中国古代的帝王心术颇为类似。核心的一条，就是分化与平衡的艺术。

图片故事：光照会的血线与拉丁美洲构想的形成（2）叔叔与侄女的联姻

罗氏把反法武装的后人拿破仑变成了法国皇帝。拿破仑上台第一件事，就是出卖法国利益，建立央行体制。从法理上来说，罗氏与拿破仑家族足以控股法兰西银行。但罗氏需要独占，而不是分享，这就需要控制拿破仑家族。拿破仑让自己的弟弟路易·波

拿巴娶了继女——约瑟夫的二女儿奥坦丝（1783～1837，图），作为回报，罗氏力主荷兰银团支持路易·波拿巴成为荷兰国王。

分化与平衡的具体策略就是扶弱策略，也称扶小策略。简单而言，华尔街在全世界不同的地缘政治区间，寻找有背离本地区利益倾向和比较容易控制的国家和地区，进行金融寄生和代理人扶植。

例如：欧洲的英国、中东的以色列、非洲的埃塞俄比亚、东亚的日本。在美洲殖民初期，美国是这个角色。在今天的拉丁美洲，哥伦比亚扮演着这个角色。人们经常关注巴西、墨西哥，却不太注意哥伦比亚。

四、哥伦比亚

单纯分析拉丁美洲特有的金融现象，首选巴西、阿根廷、墨西哥等国。这些国家在华尔街的金融控制下，陷入了顽固性的、规律性的金融危机和债务危机不能自拔。

图片故事：光照会的血线与拉丁美洲构想的形成（3）拿破仑三世

路易·波拿巴（1778～1846，图）又称荷兰国王路德维克一世。他与奥坦丝有三个儿子，最小的儿子叫夏尔·路易·拿破仑·波拿巴（1808～1873），即拿破仑三世。中文译法有时也简称为路易·波拿巴，这似乎和他父亲同名同姓了，其实不然。

有一个无法考证的传言说：夏尔·波拿巴并非路易·波拿巴的后人，而是一个背景复杂的“政治养子”。拿破仑三世毕生与共济会黑手党沆瀣一气。马克思评价说：“波拿巴是流氓无产阶级的首领”（注 4）。

如果要介绍跨国垄断金融资本对拉丁美洲，乃至美洲的金融控制和地缘政治布局，首选当为历史上的大哥伦比亚共和国。哥伦比亚不是一个单纯的国家，而是一个共济会的地缘政治概念。

哥伦比亚是“Columbia”的中文译音。哥伦比亚的本意，一般解释为“哥伦布之城”。据说，该词是由哥伦布的名字衍生而来。实际上，哥伦布没有到过美洲大陆，哥伦布仅到过一些美洲的岛屿。

1924 年，几个摩根财团旗下的影视公司整合为哥伦比亚影视公司。美国首都的全称为：华盛顿哥伦比亚特区。哥伦比亚在共济会的概念中，等同于极北之地、巴比伦、香格里拉、大卫王的营地（戴维营）。

图片故事：光照会的血线与拉丁美洲构想的形成（4）拿破仑三世与犹太银团

拿破仑三世（图）是罗氏家族的忠实代理人，他缺乏传统贵族集团的鼎力支持，必须紧紧依靠共济会最野蛮、最丑恶、最无耻的“我们的事业”，即黑手党的支持。

除此之外，罗氏控股的法兰西银行是他唯一的金融支柱。拿破仑三世与意大利黑手党和罗氏控股的意大利央行的“密切关系”，备受法国各界诟病，但他毫不在意。拿破仑三世的法国经济，被称为高利贷资本主义，它深度损害了法国的根本利益。

17世纪，哥伦比亚被共济会赋予了一种缥缈神域般的含义，进而被引申为美洲。哥伦比亚在共济会中是一个光照者指引下的女子形象，这个女子是神域的化身。这个女子双手托着象征“路西法”的六芒星，哥伦比亚也就成了美洲女性化的诗词形象。

简单而言：在共济会银团的概念中，哥伦比亚即美洲。这与今天的哥伦比亚不是一回事。

五、共济会成员西蒙·玻利瓦尔

（一）百年迷雾

1783年7月24日，西蒙·玻利瓦尔在今天委内瑞拉的加拉加斯地区出生。他出生于一个西班牙殖民者的大奴隶主家庭，本人也是大奴隶主。他的家族拥有超过1000个奴隶。奴隶主对奴隶有任意的处置权力，包括买卖、酷刑、屠杀、奴役等特权。

图片故事：光照会的血线与拉丁美洲构想的形成（5）拉丁货币联盟的背景

拉丁货币联盟，也被译为拉丁货币同盟。拿破仑三世在位期间（1852～1870），共济会银团从古典主义走向了罗氏金融僭主世袭，日趋腐朽、没落和阴暗。共济会银团丧失了资产阶级大资本联盟的性质，走向了私有制的反面。

图为1876年，拉丁货币联盟旗下的希腊央行铸造的银币。这些罗氏拥有的央行，实现了统一的含银量、统一的铸造标准，仅图案有所差异，这与今天罗氏控股的欧洲央行的运行颇为类似。拉丁货币联盟由法兰西银行控股，欧洲央行由德意志银行控股。两者都是罗氏控股的营利性跨国私人企业。

西蒙·玻利瓦尔与华尔街的握手，不仅脆弱，而且微妙。围绕西蒙·玻利瓦尔的历史，迷雾重重。2010年7月16日，180多年前去世的南美革命领袖玻利瓦尔的遗骸被科学家们从棺椁中取出，以检验他是死于肺结核还是被人毒害。此事在委内瑞拉总统查韦斯的指挥和监督之下进行，现场他高呼“玻利瓦尔万岁！”并流下了眼泪（注5）。

2007年，查韦斯对外界宣布，根据对历史的分析，玻利瓦尔有可能被毒死。他相信，是当时玻利瓦尔的副手、哥伦比亚将军法兰西斯科·桑坦德下毒杀害了玻利瓦尔。查韦斯甚至怀疑国家公墓安葬的未必是玻利瓦尔本人的遗体。美国约翰·霍普金斯大学医学院教授奥瓦尔特也表示，多数征兆表明，玻利瓦尔死于慢性砷中毒（注6）。

图片故事：光照会的血线与拉丁美洲构想的形成（6）拉丁货币联盟的金融实质

所谓的拉丁货币联盟是罗氏控股的法兰西银行和以意大利央行为首的一系列罗氏

控股的欧洲各国央行，这些所谓的独立央行和央行集团，深刻地出卖了各个民族国家和各国资产阶级乃至全体人民的根本利益。

图为1868年，拉丁货币联盟旗下的比利时央行铸造的银币。有一种观点认为：“除了外形、重量、货币大小外，拉丁货币联盟没有任何的货币合作机制”（注7）。这种看法的误区在于不了解欧洲各国央行的金融实质，把央行行为理解为国家行为。

（二）共济会成员

1803年，西蒙·玻利瓦尔秘密加入了锡安长老会，也称现代犹太光照会。他的启蒙会所是劳特罗会所，也称劳特罗神庙。1803年，他成为最低级别的光照会成员：传播理性的骑士（注8）。

苏格兰银团与法兰克福犹太银团之间资本兼并的战争，深刻地影响着欧美的金融政治板块。1806年，苏格兰银团主导的英国共济会破格授予西蒙·玻利瓦尔石匠大师的身份，并把西蒙·玻利瓦尔正式列入了巴黎的“苏格兰母亲，苏格兰的圣亚历山大”的苏格兰共济会石匠大师序列。

1824年，他被苏格兰共济会位于伦敦，由弗朗西斯科·德·米兰达建立的大美洲留尼旺会所，授予了苏格兰共济会最高级别：33级石匠大师的称号，并被赋予苏格兰共济会总监督长的最高情报头衔。

图片故事：光照会的血线与拉丁美洲构想的形成（7）共济会的力量

2011年，54岁的黑手党成员乔瓦尼（图）透露：总理贝卢斯科尼每年向黑手党缴纳 30 万英镑的保护费，以“维持其生意方面的正常秩序”。意大利黑手党是犹太光照会建立的意大利秘密社团，名叫“我们的事业”（注 9）。遍布欧美的黑手党不需要这区区 30 万英镑的年费，这是一种奇妙的媾和资本的交易。

拿破仑三世与“我们的事业”的关系也是如此。了解这段历史，有助于理解犹太光照会银团的龌龊和罗氏跨国金融僭主世袭家天下体制的黑暗。

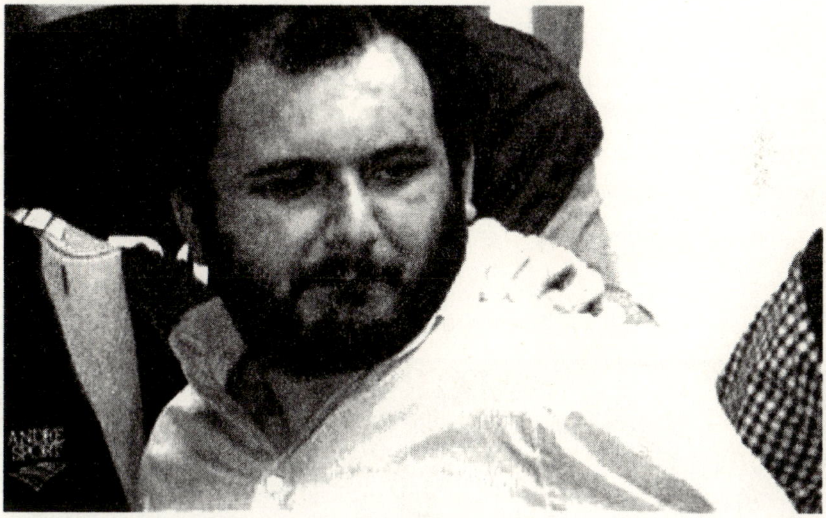

（三）不可思议的“平等”与“联盟”

西蒙·玻利瓦尔似乎呈现一种反对华尔街的政治面目，其实这是人们的误解。西蒙·玻利瓦尔毕生游走于苏格兰银团和法兰克福银团的资本战争之间，他试图两面获利，走第三条道路，却被深深地卷入了资本凝结的漩涡，被资本左右不能自拔，直至神秘去世。

资本主义的终点不是资本主义，资本不断凝结的物理特征，决定了资本主义的结局，只能是一个金融僭主世袭独裁统治下的跨国金融世袭家天下体制。两个不断相互妥协和相互兼并的跨国垄断金融资本集团之间，不存在第三条道路，只有一条看似光明的“自由的政治夹缝”。

西蒙·玻利瓦尔乃至拉丁美洲独立运动，是殖民主义后期资本集团逐渐成熟且相互兼并的特殊产物。西蒙·玻利瓦尔是一个现象，不是一个人物。一个大奴隶主，一个华尔街共济会金融情报组织的高级成员，却试图与华尔街达成不可思议的、平等的联盟。

这种握手，将是多么的脆弱呀。

中篇 大哥伦比亚国的故事

图片故事：拉丁美洲与拉丁货币的故事（1）拉丁货币联盟与世界央行

1865 年，法国皇帝拿破仑三世在巴黎召开了四国央行行长的闭门会议。罗氏控股的法国央行、比利时央行、意大利央行和瑞士央行的代理人共同宣布："拉丁货币联盟"诞生了。这个机构不仅是私有的、跨国的金融僭主体制的一部分，也是罗氏世界央行实践化的序曲。

图为 1868 年，拉丁货币联盟的主导者——法国央行铸造的，拿破仑三世头像的银币。

一、劳特罗会所的秘密

（一）弗朗西斯科与梅耶·罗思柴尔德

劳特罗会所是一个特殊的共济会组织，不是普通的"路西法"神庙。劳特罗会所是一个建立于欧洲，控制拉美上流社会的共济会金融情报机构。围绕劳特罗会所的建立和控制权，有着不同的说法。

图片故事：拉丁美洲与拉丁货币的故事（2）拉丁货币联盟——天才的构想

罗氏银团借拿破仑三世之口，提出了一个近乎天才的构想：拉丁世界政府与拉丁世界央行。历史上从未有任何一个国家使用过所谓的“古拉丁语”，围绕拉丁语的一系列概念是宗教历史化的产物，形成于文艺复兴之后。拉丁世界具有强烈而又似是而非的宗教暗示，对于在欧美宗教文化中长大的人们来说，这个概念有某种“统一神国”的含义。对于共济会来说，这是一个“路西法”统治下的新世界。

图为1874年，拉丁货币联盟旗下的意大利央行铸造的银币。

劳特罗会所的第一任石匠大师，是西班牙犹太银行家弗朗西斯科·德·米兰达（1750～1816）。米兰达姓氏一般用于女子，此人却是男性。弗朗西斯科是梅耶·罗思柴尔德（1744～1812）的金融代理人之一。

18世纪末，梅耶·罗思柴尔德为了把共济会改造为罗氏世袭的金融僭主统治工具，成立了一系列名为共济会会所的跨国金融情报组织。这个时期，古典共济会和现代共济会斗争激烈。

（二）加迪斯会所、大美洲留尼旺会所

大约在18世纪末的某一年，弗朗西斯科在西班牙的加迪斯，建立了现代共济会的加迪斯会所。具体时间有待考证，说法不一。大约在1798年，弗朗西斯科依靠加迪斯会所的情报体系，在伦敦建立了大美洲留尼旺会所（注10）。

图片故事：拉丁美洲与拉丁货币的故事（3）拿破仑三世与拉丁美洲

拿破仑三世提出的“拉丁概念”，具有现实的经济基础。19世纪，美洲各国央行全部控制在华尔街金融僭主罗思柴尔德家族手中。这些所谓的央行，不过是攫取了各国金融主权的跨国金融情报机构、代理人影子政府、跨国皮包公司和一种丑恶的分赃机制。拿破仑三世的“伟大构想”体现了资本凝结到极点的资本狂想，具有无比险恶的可行性。图为1885年，拉丁货币联盟旗下的西班牙央行铸造的银币。

大美洲留尼旺会所是一个秘密的金融情报组织，既可遥控美洲的社会思潮，又可避免欧洲各国的政府监管。18世纪，这种做法的法理性质是颠覆欧洲各国的合法政府，意图建立世界政府。

弗朗西斯科去世时，大哥伦比亚国还没有建立，但有时他依然被看成是“大哥伦比亚运动”的资助者之一，甚至是缔造者之一。缔造大哥伦比亚国的幕后老板是华尔街金融僭主罗思柴尔德家族。

二、反对殖民主义的旗手

（一）拿破仑身边的随行军官

1803年，西蒙·玻利瓦尔加入犹太光照会。1804年12月2日，他一跃成了拿破仑的随行军官。1806年，西蒙·玻利瓦尔就成了石匠大师，与此应该说不无关系。

图片故事：拉丁美洲与拉丁货币的故事（4）拉丁货币联盟的起止时间

有人说拉丁货币联盟开始于 1865 年，结束于 1880 年。这种说法如果不解释，则有一定的误导性，但也不能说不正确，而是需要进一步说明。拉丁货币联盟于 1866 年 8 月 1 日正式成立，《拉丁货币联盟协议》于 1880 年 1 月 1 日正式到期。

这里的关键在于：该协议规定，如果在 1879 年 1 月 1 日以前，没有成员国提出解散要求，该协议自动延长 15 年。事实上直到 1927 年，法兰西银行放弃金本位，抛弃了太过“谨慎”的拉丁货币联盟。至此，这个横跨欧美的拉丁货币联盟正式终结。

图为 1912 年拉丁货币联盟旗下的委内瑞拉货币委员会铸造的银币。

拿破仑与洛希尔银行围绕法兰西银行的控股权，进行了长时间的较量。法兰西银行建立伊始，罗氏是法兰西银行的第三大股东。拿破仑几次增股，拿破仑家族拥有了这些新增股份中的大部分，洛希尔银行拥有小部分。这样拿破仑家族控股法兰西银行，罗氏成了第二大股东。

拿破仑两次入狱，神秘去世。根据现代法医对拿破仑头发的检验，拿破仑可能死于砒霜中毒（注 11）。此后，拿破仑的股份再也无人提起，法兰西银行成了罗氏控股的法国央行。

这一过程波澜壮阔、诡异复杂，很多史书中不见的人物介入其中，谜团颇多。西蒙·玻利瓦尔在此中起了什么作用，或仅是一个旁观者。这一切到今天仍无法追寻，成了一个历史之谜。

图片故事：拉丁美洲与拉丁货币的故事（5）“拉丁概念”的内容

拉丁概念的提出，标志着共济会世界政府理论进入实践阶段。这个体系不仅提出了拉丁美洲和拉丁货币的概念，还缔造了一个与之相抗衡的平衡体系。这个体系对于罗氏银团，具有重大的战略意义。

图为拿破仑三世的母亲奥坦丝居住的瑞士阿伦南堡。1817 年，由罗思柴尔德家族买下赠与奥坦丝。奥坦丝居住在这里，直到 1837 年 10 月 5 日去世。

（二）武装与资本

1806 年，西蒙·玻利瓦尔在被苏格兰银团授予石匠大师称号后，离开法国前往美国。这段时间不长，却很神秘。1807 年，西蒙·玻利瓦尔回到了今天的委内瑞拉，突然开始组织反对西班牙殖民政府的武装运动。

1811 年，西蒙·玻利瓦尔和弗朗西斯科·德·米兰达组织了武装暴动，经费由弗朗西斯科·德·米兰达筹集。他曾经当过银行经理人，有个爵位，但不是一个特别有钱的金融贵族。这笔钱大抵来自跨国银团。

1811 年 7 月 5 日，武装组织宣布独立。这一天，成了委内瑞拉的国庆日和独立日（注 12）。从美洲人民的角度来说，这无疑是反对殖民主义的胜利。对于西班牙在美洲的殖民者后裔西蒙·玻利瓦尔来说，这是对西班牙中央政府的法理分权。这些地区的权力依然掌握在殖民者手中，经济结构和资本主导权没有根本性的改变。

图片故事：拉丁美洲与拉丁货币的故事（6）“拉丁概念”的含义

没有一个相互抗衡、不断冲突的世界体系，就无法达成世界政府所需要的小乱大治。僭主体制毁掉了资产阶级的生产力基石，还必须利用资产阶级之间的各种矛盾，直到技术发展催生了新的控制手段之前，垄断资本都无法超越传统的控制策略。

图为奥坦丝的秘密情人——犹太银行家、共济会情报人员、法国外交人员查尔斯·约瑟夫（1785～1870）的儿子查理·路易斯·约瑟夫（1811～1865）。

三、大哥伦比亚国

（一）哥伦比亚战役

1812 年 7 月 23 日，西蒙·玻利瓦尔和弗朗西斯科·德·米兰达率领着银行雇佣军，一举攻克了巴伦西亚（约今哥伦比亚境内）。这支军队的性质属于银行雇佣军，指挥权和经费来源都掌握在弗朗西斯科·德·米兰达手中。西蒙·玻利瓦尔对此很不满意。

（二）选择与盟友

这种不满意，不能单纯地看成是政治人物个人的好恶。西蒙·玻利瓦尔在当地的支持者，主要是庄园主和资产阶级，这些人对跨国垄断金融资本有着本能的谄媚和抵触。这是一种在矛盾的、资本夹缝中的选择。

图片故事：拉丁美洲与拉丁货币的故事（7）“拉丁概念”的陷阱

拉丁货币联盟把世界拉入了一个动荡且必须动荡的历史时期。金融僭主体制空前强大的资本根源，就是金融僭主体制不稳定性的物理根源。欺骗和暴力可以缓解与压制矛盾，可除非金融僭主放弃自身强大以及金融僭主体制本身，这种自身强大和体制必然会削弱资产阶级、增大对立面（被统治人群），进而导致不稳定性的持续增加，直至金融僭主体制的最终崩溃。

非常危险的是：人们普遍没有认识到这一点，金融僭主却很清楚。

图为共济会缔造的大哥伦比亚国国徽的顶部图案。一般人握手是右手握右手。握手图案中，两只手都是左手。这看着有点古怪，欧美社会有时把左手看成是魔鬼的化身，即魔鬼之手；右手看成是耶和华的化身，即上帝之手。共济会缔造的“联盟”，指光照者信徒之间的合作。

拉美庄园主和资产阶级依赖跨国垄断金融资本的实力，又不想成为资本凝结的牺牲品，他们偎依在跨国资本集团的脚下，不敢远离金融资本的庇护，他们这样走入“蛮荒的、劳动人民的、野蛮人的世界”，这种荒谬的选择注定了资产阶级的命运。他们的一切斗争必然失败，不是倒在“野蛮人”的反抗中，就是倒在金融僭主的资本镰刀下。两者必居其一。

他们不想选择，却必须作出反抗。由此而产生的反抗，必然短视和盲目，甚至有那么一点点自我毁灭的味道。这样一支浩浩荡荡的“反对殖民主义的革命队伍”，看似可以和所有人握手，似乎盟友无处不在。但在摘下自欺欺人的眼镜后，资产阶级会发现一个有趣的现象：被他们看成野蛮人的劳动者，仅仅要求人与人的平等和取回自己的劳动果实；而被资产阶级的双手高举在头顶的金融僭主剥夺的却是资产阶级的一切，要把他们改造成赤贫的代理人奴仆或工头，甚至是“野蛮人”。

图片故事：拉丁美洲与拉丁货币的故事（8）沉重的历史趣闻

查尔斯·约瑟夫不仅是拿破仑三世母亲的情人，有学者认为他还是拿破仑一世的卫士长、外交部部长查尔斯·塔列朗（1754～1838，图）的私生子（注 13）。这种传言在拿破仑三世时期就已经出现了，查尔斯·塔列朗本人不仅是犹太银行家、洛希尔银行的代理人，也是共济会的高级情报人员和背叛拿破仑一世的“职业背叛者”和监视者之一。

拿破仑三世对同母异父的兄弟，可能还是仇人之后的查理·路易斯·约瑟夫却一点都不避讳，还破例封为莫尔尼公爵。拿破仑三世很可能是查尔斯·塔列朗的后人，拿破仑三世更像一个傀儡、小丑和流氓，而不是拿破仑一世的后人。

（三）两难的游戏

这个过程充满了伴随私有制而来的讽刺和资本的物理本能，劳动者可能看不到这一点，或仅仅是看到了，却无法体会其中的感受，资产阶级却是故意视而不见。道理很简单：他们在玩一场必输而两难的游戏。

西蒙·玻利瓦尔不愿意受弗朗西斯科·德·米兰达的支配，对此充满了无奈和愤怒。1812 年，西班牙政府的援军到来，银行雇佣军被击溃。西蒙·玻利瓦尔只身逃亡，随后发表了著名的《卡塔纳赫宣言》。这个宣言并没有把矛头指向西班牙政府的军事和政治打击，而是直指内部“领导层的不和”。

图片故事：墨西哥央行的故事（1）印第安英雄

今天所说的拉丁美洲，北部为墨西哥，南部为巴西热带雨林，中间是哥伦比亚、委内瑞拉等拉美国家。19 世纪时，南部开发不够，拉丁美洲对金融僭主来说，也太大了一点，必须构筑一个内部的“平衡构架”，墨西哥的战略意义增大了。

罗氏控制着欧美的律师体系，形成了一个跨国的金融司法情报网络。罗氏挑选了一个“印第安”律师贝尼托·加西亚（1806～1872，图），北美共济总会授予其石匠大师的称号。不久，罗氏把此人扶植成了墨西哥总统（1858～1872）。有人说贝尼托·加西亚是犹太人，这不见得是空穴来风，他的确不像印第安人。但这种说法与贝尼托·加西亚的印第安农民的出身一样，都无从考证，真相湮没在拉丁美洲历史的迷雾中。

这种“不和”最可能是存在于弗朗西斯科·德·米兰达和西蒙·玻利瓦尔之间。西蒙·玻利瓦尔的独立倾向比较坚决，西班牙殖民地的大庄园主们不愿意给鞭长莫及的西班牙中央政府纳税，有很强烈地独立倾向。西蒙·玻利瓦尔正好代表了他们的利益。他本人就是一个大庄园主。

1812 年，弗朗西斯科·德·米兰达与西班牙政府达成了一个秘密的停战协议。西班牙央行的控股者是罗氏，罗氏并不希望打一场左手和右手的消耗战，世界政府也不鼓励真正的独立。这时，华尔街银团与伦敦银团激战正酣，国际金融的制高点还位于伦敦金融城，而不是华尔街。

西蒙·玻利瓦尔游走于两大银团之间，让局势更加复杂。

图片故事：墨西哥央行的故事（2）白银之殇

1536 年，西班牙在今墨西哥建立了殖民者的第一家银币厂，墨西哥有白银之国的美称。今天，墨西哥白银的年产量占世界白银总产量的 16%，墨西哥是世界第一大白银生产国（注 14）。19 世纪，墨西哥银矿已经控制在华尔街银团手中，产能一度高达世界白银供给量的 85%，这些财富给印第安人民带来了灭顶之灾。怀璧之罪给印第安人民带来了种族灭绝，而不是富裕和繁荣。西班牙殖民者的后裔，也成了打击的目标。

图为精美的墨西哥银器。

（四）弗朗西斯科·德·米兰达的神秘死亡

1812 年 7 月 25 日，弗朗西斯科·德·米兰达莫名其妙地跑到了拉瓜伊拉港。拉瓜伊拉港位于今天的委内瑞拉。他登上了一艘英国东印度公司的战舰，这个过程扑朔迷离。更加有趣的是，西蒙·玻利瓦尔等人突然出现了！

西蒙·玻利瓦尔在苏格兰银行雇佣军的协助下，迅速解除了弗朗西斯科·德·米兰达和保镖的武装。不仅如此，西蒙·玻利瓦尔还把给他“启蒙”的犹太光照会石匠导师弗朗西斯科·德·米兰达，交给了西班牙政府军。西班牙政府军也知道弗朗西斯科·德·米兰达与西班牙央行集团的关系，手捧这个烫手的山芋，既不能放，也不能审。

图片故事：墨西哥央行的故事（3）华尔街与“我们的事业”对拉美银矿的控制

19 世纪，华尔街银团为了控制拉丁美洲的毒品市场和白银产业，代理人拿破仑三世不顾法国利益，拼命介入墨西哥事务，这让拿破仑三世威信扫地。拿破仑三世是意大利黑手党，即犹太光照会“我们的事业”的成员。犹太银团成功地控制了拉美的毒品市场和黑社会组织。这与苏联解体后，俄罗斯黑手党的兴起，别无二致。

2010 年 5 月 30 日，墨西哥警方宣布：在墨南部的一座废弃银矿中发现了 20 多具无名尸体，他们显然是毒品暴力的牺牲品（注 15，图）。至今，墨西哥银矿还控制在华尔街银团和美洲黑手党手中，上下其手，各司其职，黑白有序，分工明确。

罗氏代理人、犹太银行家、石匠大师、大美洲留尼旺会所的缔造者弗朗西斯科·德·米兰达，就这样被单独关押在一个秘密的地方。有传言说，他给各方发信，要求释放，并表示愿意用一些西班牙金融领域的“肮脏秘密”来换取自由和生命的保证。

1816 年 7 月 14 日，就在西班牙政府考虑释放弗朗西斯科的时候，弗朗西斯科·德·米兰达突然在监狱中神秘地死去了。他的死，带走了太多的秘密。今天，人们很难评价和解释弗朗西斯科·德·米兰达和西蒙·玻利瓦尔共同构筑的历史篇章。

这里面不可思议的秘密太多了。

图片故事：墨西哥央行的故事（4）金融贵族与传统贵族的斗争：皇帝之死

华尔街金融僭主与资产阶级的斗争、共济会银团与欧美保守势力的斗争，金融贵族与传统贵族的斗争，不过是资本凝结在不同过程中的不同扮相而同一内容的剧目。这种斗争很尖锐，这不仅是两大集团的斗争，也是代理人文化与封建文化、资本文化在代理人头脑中的冲撞与斗争以及代理人与金融僭主之间的斗争与勾结。

图为 1821 年 9 月 27 日，阿古斯汀在众多共济会兄弟的簇拥下，进入墨西哥城的盛况。这时，离他被共济会兄弟处决不到 1000 天。代理人的风光向来代价不菲。

（五）叛徒的秘密

西蒙·玻利瓦尔把“叛徒”弗朗西斯科·德·米兰达交给了西班牙政府军，不论他的本意如何，客观上让西班牙军方很满意。西蒙·玻利瓦尔等人离开时，没有受到任何阻拦。

这里有一个无法解释的历史之谜：西班牙政府军既然不顾停火协议和大赦，收押了弗朗西斯科·德·米兰达。为何不把西蒙·玻利瓦尔一网打尽？反过来说，如果弗朗西斯科·德·米兰达的确如西蒙·玻利瓦尔所说是“叛徒”。那么，弗朗西斯科·德·米兰达该是西班牙政府军的座上客，而不是阶下囚。

图片故事：墨西哥央行的故事（5）代理人的荣耀

罗氏代理人、共济会成员、墨西哥皇帝阿古斯汀一世（1783～1824）与拿破仑一世的命运颇有相似之处。金融僭主要的是一个控制局势的代理人，而不是一个祖辈世袭的代理人集团。阿古斯汀协助罗氏控制了墨西哥的银矿和银行，功高震主，尾大不掉。图为墨西哥皇帝阿古斯汀一世，身着皇帝新装的油画。

这一切可能永远都无法搞清了。这涉及伦敦金融城与华尔街的激烈斗争。唯一可以肯定的是：弗朗西斯科·德·米兰达被各方抛弃了，他跌入了资本集团之间的那条深不见底的峡谷。

（六）美洲第二共和国和拉丁联盟

1813 年，西蒙·玻利瓦尔获得了跨国银团的大笔资助，再次组织了一支强大的雇佣军武装。西蒙·玻利瓦尔获得了“美洲的解放者”的媒体称号，建立了美洲第二共和国（1813～1814）。

图片故事：墨西哥央行的故事（6）墨西哥皇帝阿古斯汀一世的死因之谜

1822 年 5 月 19 日，阿古斯汀背弃与罗氏的约定称帝，秘密处决了一大批追随他的共济会成员。1823 年 3 月 19 日，阿古斯汀被迫退位，逃往欧洲，躲避追杀。

有一个无法证实的传言：1824 年 6 月 19 日，阿古斯汀（图）被共济会“兄弟”绑架到墨西哥某地秘密处死。正史说他是秘密潜入，试图颠覆，而被逮捕处决。

一个被追杀的人，非要回到“兄弟”身边去活动，这种可能性虽不能说绝对没有，但可能性不大。绑架说和秘密潜入说一样，都有待进一步考证。

1815 年，西蒙·玻利瓦尔流亡期间，明确提出了“拉丁美洲联盟”的构想。这个构想，可以解释为一个包括南北美洲的美洲政府。拉丁这个概念，在共济会中有着“宗教神国”或“世界新秩序”的含义。欧美社会的传统世界观是一个具有唯一性的宗教世界观，拉丁联盟的概念，也可以解释为世界政府或“复兴的罗马帝国”。

（七）大哥伦比亚共和国

1819 年，拉丁联盟的构想付诸实施。西蒙·玻利瓦尔建立了一个政治含义的新国家——大哥伦比亚共和国，简称：大哥伦比亚。这里的哥伦比亚，不是今天的哥伦比亚国的概念，而是美洲国的意思。

图片故事：墨西哥央行的故事（7）《胡亚雷斯法》（1855）和《改革法》（1859）的金融含义

印第安英雄贝尼托·加西亚，推动了两大法案，彻底摧毁了欧洲传统贵族集团和天主教集团在墨西哥的垄断地位。他自称印第安农民出身，这些具有鲜明资本剥夺性质的“国有化”法案被看成是贫苦农民的胜利。

问题是这不是真的“国有化”，而是“央行化”。贝尼托·加西亚把这些资产作为债务货币的国债抵押，交给了罗氏控制的“墨西哥银团”，换取墨西哥纸币信用符号。这个荒谬的过程，在世界金融战役史上上演了无数次。

这是被处决的墨西哥皇帝阿古斯汀一世衣兜里的一纸宣言，满是血迹（图）。

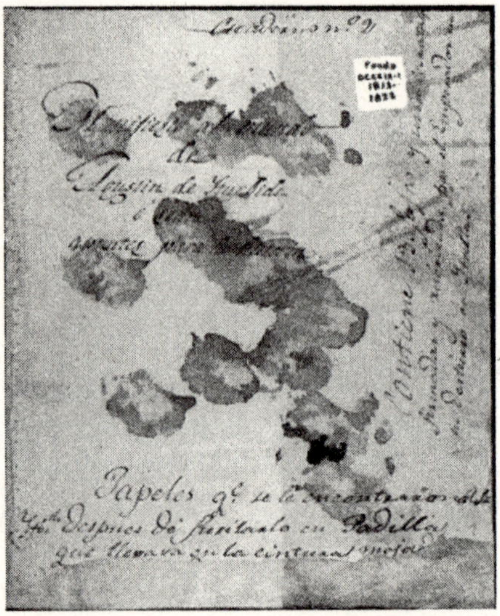

大哥伦比亚共和国是一个正式的金融国家。大哥伦比亚包括今天的巴西、哥伦比亚、哥斯达黎加、厄瓜多尔、圭亚那、巴拿马、秘鲁、委内瑞拉的部分地区。看地图似乎领土不大。

当时美洲南部的热带雨林地区并没有，也不需要立刻划入政治版图。北部还控制在西班牙军队的手中，这个国家的领土并不小，极具拓展潜力。大哥伦比亚共和国的实际领土，比美国独立前的13个殖民点涵盖的范围要大，而且更加统一。

如果把大哥伦比亚国的北边，即大约今天的墨西哥地区，实际还包括今天美国一部分地区的殖民地以及美洲南部广阔山地和森林地区也算入的话。大哥伦比亚国的国土面积，将超过今天的欧盟。

图片故事：墨西哥央行的故事（8）墨西哥银矿协会

所谓的墨西哥银团，背后是拥有墨西哥银矿所有权的“墨西哥银矿协会”。华尔街架空各国政府，推行“小政府大社会”的金融战骗局有几百年的历史。金融僭主体制宣扬把各国政府的行政权交给所谓的“民间专家团队”和“国家监管下的行业协会”，让跨国公司有能力直接控制各国的行政权力。

19 世纪，墨西哥矿业协会左右着世界白银市场，幕后老板就是金融僭主罗思柴尔德家族。图为 19 世纪末至 20 世纪初，金融僭主罗氏控制墨西哥和新墨西哥州银矿的代理人，也是共济会情报组织“外交协会”的创始人，犹太银行家、共济会石匠大师爱德华·豪斯（1858～1938）。此为 1917 年的照片。

（八）墨西哥帝国

大哥伦比亚国的建立，不是一个孤立的事件。跨国垄断金融资本试图在传统贵族控制相对薄弱的美洲殖民地开辟新的银行领地，缔造一个世界政府的雏形。抛开别的大陆不谈，在拉丁美洲地区，这个过程是一场相互关联的金融战役。

大哥伦比亚国建立于 1819 年。1811 年，共济会成员米格尔·伊达尔戈就开始在墨西哥地区开展武装独立运动，这个运动的资金来源就是罗氏。墨西哥独立后，墨西哥央行和金银矿，一直控制在罗氏手中。

图片故事：墨西哥央行的故事（9）国有矿山私有化与加兹登购地事件

共济会成员、罗氏代理人安东尼奥·安纳（1794～1876，图）被华尔街定义为“独裁者”。这是一个很有趣的问题：金融僭主世袭家天下体制的拜魔鬼教和反人类观念，远比封建贵族推举或总统连任阴暗。

罗氏控制墨西哥金银矿和货币发行的关键人物就是安东尼奥·安纳，他把大量国有墨西哥银矿所有权凭单和一些边境领土“卖给”了华尔街银团，这个独裁者效忠的老板恰恰就是华尔街。华尔街是最丑恶的寡头垄断机制。

1821 年，共济会成员伊图尔比德（1783～1824）打跑了西班牙政府军。西班牙军队临走时，运走了全部的金银。新独立的墨西哥政府陷入了破产的境地。这时，伊图尔比德把货币发行权交给了华尔街，这个债务货币体系就是墨西哥央行体制的前身。作为回报，罗氏支持伊图尔比德称帝，这个过程与拿破仑一世的上台极为类似。

（九）罗氏的难题

墨西哥皇帝不久被赶下台，日后更是死于非命。西蒙·玻利瓦尔和大哥伦比亚国也没能幸免，这里的原因很复杂。19世纪，罗氏金融僭主体制尚不成熟，全球资本兼并远未完成，并不是每一个国家都建立了罗氏控制的、广泛联系的央行体制。

图片故事：墨西哥央行的故事（10）卖地财政与金融危机

1853年，7.7万平方千米的墨西哥土地，卖了1000万美元。实际上这笔钱并没有到账，而是变成了墨西哥银币的信用符号，卖地财政催生了1855年的墨西哥通胀危机。这次金融危机，导致了墨西哥总统安东尼奥·安纳于1855年8月9日下台。这就是加兹登购地事件的金融含义。

图为墨西哥玉米饼。实际上是印第安人的春卷和薄饼，比较贵的白面被玉米面替代。

20世纪的央行体制是一个华尔街中情局体系下的跨国影子政府和金融情报体系，各国货币体系接受了独立央行理论、赤字国债理论和债务货币理论，让罗氏银团顺利地以国际债权人的身份，成功地垄断了世界各国的信用供给。

跨国央行体系的成熟是金融资本垄断程度达到巅峰时期出现的特定产物。19 世纪，罗氏尚没有达成如此彻底的资本垄断，罗氏没有把握和能力持续推动拉丁联盟的构想，即世界政府的概念。

在资本凝结水平不足的时期，这个联盟得以强化的结果，必然是政府权力开始抑制资本特权，不同的资本集团和国家集团也会趁机捞上一把。历史恰恰如此。

图片故事：墨西哥央行的故事（11）巨额“收入”与货币债权的形成

卖地的财政“收入”，不仅催生了通货膨胀，还构筑了巨额国债。道理很简单：输入的是信用符号，增加的是通货膨胀，美元符号不是真正的财富，地价暴涨的本质是烈性通货膨胀，土地本身亘古未变。

墨西哥输入的信用符号等同于抵押给跨国银团财富附有利息，才能形成供给墨西哥经济运行的债务货币。这些债务利息永恒滚动，趋于无穷大，且不可归还——债务货币形成的“债务”总额大于货币总量，本质是一场金融战役骗局。

图为另一个被处决的墨西哥皇帝，马西米连诺一世（1832～1867）。

（十）大哥伦比亚国的解体和西蒙·玻利瓦尔的神秘去世

19 世纪，拉美局势变幻莫测。1823 年，墨西哥帝国被推翻。1830 年 12 月 17 日，西蒙·玻利瓦尔神秘去世，这才有了百年后的开棺验尸。英、法、美等国纷纷介入大哥伦比亚国的事务，积极扶植各自的代理人。

1831，大哥伦比亚国解体。拉美各国的债务货币体系得以延续，各国独立央行体制相继确立直至今天。华尔街银团的利益是这些表面激烈动荡的拉美政治幻象背后的不变因素。

华尔街是拉丁美洲持续动荡的唯一受益者。

图片故事：墨西哥央行的故事（12）央行体制的确立

1925 年 9 月 1 日，罗氏在墨西哥缔造的社会变革运动的旗手——犹太政客普鲁塔尔科·埃利亚斯·卡列斯（1877～1945）宣布建立墨西哥央行体制，墨西哥银行由摩根财团控股。从此，墨西哥的生产力构架发生了本质的、法理层面的、公开的深刻变化。

图为墨西哥央行外景。

（十一）握手的秘密

“墨西哥的皇帝”伊图尔比德和“美洲的解放者”西蒙·玻利瓦尔都是共济会成员，都曾幻想在有利于自己的构架内与华尔街金融僭主达成脆弱的握手。这种代理人和跨国银团之间的握手是金融战钓钩上的迷人诱饵。

这种握手不符合金融僭主体制即跨国垄断金融资本的根本利益。拉美的这种独立运动没有达成，倒也无妨。达成了，必然是垄断资本的胜利。一个不符合垄断资本利益，又要与胜利的垄断资本“据理力争”的代理人，结局可想而知。

中国有句古话：姜子牙钓鱼，愿者上钩。代理人与金融僭主之间的握手，并非出于友谊，而是雇佣关系，充其量带有那么一点体制分赃的味道。这种关系只能是代理人随风而去，不可能出现金融僭主的禅让。铁打的衙门，流水的官。金融僭主体制下的代理人，注定被定期“轮换”。

代理人或称买办资产阶级在金融主义日益成熟的时代，在新殖民主义替代旧殖民主义的时期，试图借助跨国金融僭主强大的资本实力，缔造服务于代理人集团利益和小家族利益的资本主义国家的理念，脱离世界资本绝对垄断的生产力基础，与金融僭主消灭各国精英阶层的初衷背道而驰，从一开始就是一场自欺欺人的黄粱美梦。

代理人偏偏不信，屡屡握手，屡屡逝去。

下篇 拉丁美洲金融战役

图片故事:“拉丁美洲现象”的背后(1)央行不能代表民族和国家

拉美化又称“拉丁美洲现象”,指负债累累、贫富悬殊、金融危机不断的经济现象。这种现象的内部根源,是以殖民化为内容的央行体制。以墨西哥央行为例,其与美联储体制没有任何区别,都是跨国银团的私有财产。

图为与华尔街银行家一起,缔造墨西哥央行体制的犹太政客普鲁塔尔科·埃利亚斯·卡列斯(1877~1945,左起第三人),于1924年10月31日在华盛顿与华尔街银行家的会见留影。这次会面由摩根财团出面安排,巩固了卡列斯的政治地位。

图片故事："拉丁美洲现象"的背后（2）苏克雷与美联储券有区别吗？

2009年10月17日，第七届玻利瓦尔美洲联盟峰会在玻利维亚闭幕。会议决定建立新的跨国货币——苏克雷。创建该货币的建议由委内瑞拉提出，并得到了组织内其他8国的支持（注16）。

这种决议建立在世界央行、世界货币、世界政府的路线图之上，服务于金融僭主体制，使用罗氏发行的美联储券，还是罗氏控股的拉美央行体系发行的苏克雷，不会对跨国金融僭主体制和拉美各国的金融主权归属产生任何影响。

图为墨西哥籍犹太银行家卡列斯，1924年10月31日的照片。

图片故事："拉丁美洲现象"的背后（3）央行体制与犹太银团

美洲地区纷纷独立，各国政要来源复杂，各国的政府财政大多依靠跨国银团的"输血"。拉美国家央行体制的建立，都与共济会金融情报组织有关，建立央行体制之时的决策者必然是华尔街的秘密代理人。

卡列斯的父母都是犹太光照会成员，母亲是黎巴嫩犹太移民，父亲是西班牙犹太金融贵族，曾经参与消灭印第安人的战争。卡列斯对于一个新独立的原殖民地政权，无所谓忠诚与否，其对共济会和犹太银团的忠诚，似乎更合逻辑。

1924 年 10 月 31 日，他到华尔街接洽，1924 年 12 月 1 日宣誓就任墨西哥总统（图）。

一、布雷顿森林体系与拉丁美洲

（一）布雷顿森林体系

第二次世界大战给世界带来了空前的破坏，这个巨大悲剧的起点和终点在哪里呢？中学历史课本告诉人们：第二次世界大战起源于 20 世纪 30 年代的美国经济危机，这场经济危机的起点是华尔街金融危机。

1944 年 7 月，罗氏在美国新罕布什尔州的布雷顿森林召开了 44 国央行代表会议，秘密构筑了战后的世界格局：布雷顿森林体系。华尔街是第二次世界大战的起点，也是第二次世界大战的终点。

图片故事："拉丁美洲现象"的背后（4）央行体制与上层建筑

一个国家，把货币、国库、外债、储备、预算、税收、外汇都交给一个所谓的央行管理，货币发行接受所谓的"债权人"的债权控制。这种货币与债务挂钩的荒谬结果，不懂金融的人也会慢慢发现其中的奥秘——货币符号为何要来自华尔街呢？

建立央行体制是卖国与颠覆，代理人必须作出政治上的保障，否则日后追究起来，建立央行体制的代理人罪责重大。央行体制本身是一个架空各国政府的影子政府，跨国金融情报组织和代理人体制，服务于华尔街金融僭主体制。

图为卡列斯（中）与共济会成员、美国总统（1923～1929）加尔文·柯立芝（1872～1933，右）和共济会成员、美国总统（1909～1913）威廉·塔夫脱（1857～1930，左），于1924年10月31日在美国白宫的合影。

（二）黑色星期二

1．大萧条与美联储

1927年，美联储世袭股东集团经过幕后磋商，故意放松银根、滥发货币、降低利率，制造了席卷欧美的资本投机狂潮。

当投资者手持借条等待着股价、地价被美元通货膨胀的浪潮席卷着进一步上涨的时候。美联储突然收紧银根、提高利率。华尔街的股价突然失去了资金流动性的支撑，一下跌落谷底。这个事件史称：黑色星期二，1929年10月29日。这是所谓"大萧条"的起点。

图片故事："拉丁美洲现象"的背后（4）央行体制与"西方民主"

"墨西哥革命制度党曾经是墨西哥的第一大党，执政达71年之久，在2000年的选举中为反对党国家行动党和绿色生态党组成的变革联盟所取代"（注 17）。有关绿色生态党和华尔街中情局体系推动的、所谓的建立世界政府为目的的"生态社会主义运动"，请参看本系列的相关内容。墨西哥革命制度党的缔造者就是以卡列斯为首的央行集团，这个体制有力地保障了央行的独立地位与权威。

据传为共济会成员的埃米利奥·波特斯·基（1890～1978），此人是第一个以墨西哥革命制度党党员身份，担任墨西哥总统（1928～1930）的央行集团的军事代理人。现代意义的墨西哥从此开始。

缔造并拥有美联储的金融僭主罗氏，打着联邦资金援助的旗号，合法地兼并了美国资产阶级的资本，一举完成了原始金融主义阶段所必需的资本凝结。大萧条是以资本凝结为目的的金融内战。此后，美国经济进入了一个永远不会再出现的"无序自由竞争而导致经济危机"的新时代。

2．第二次世界大战与马歇尔计划

华尔街出资培植了德国纳粹。犹太金融僭主罗氏同时拥有美联储、德国军工联合体法本公司、德国央行。法本公司的毒气在高效屠杀犹太人民（注 18）的同时，也为犹太金融僭主打造了一件罪恶的政治铠甲。

图片故事：金融僭主与资本主义社会（1）央行体制的秘密

1925 年，华尔街在墨西哥缔造了央行体制，等于把一个苦果塞给了主要为西班牙殖民者后裔的资产阶级。资本家、地主、教会无论拥有多少财富，都必须与犹太金融僭主的笔下数字进行“等价”交换。这个数字还被赋予了国债的“光环”，包括资产阶级在内的所有人，必须背负货币总量为基数的“抵押国债”，却没借过这笔债务。这种鬼把戏谁都懂，资产阶级不懂吗？

图为 1926 年，克瑞斯托战争（1926～1929）中“反政府军”的旗帜。

苏联的综合国力远远超过纳粹德国。纳粹德国裹挟大半个欧洲的力量侵略苏联，纳粹德国彻底失败了。华尔街不时地在战争天平的两边增加或者减少一点砝码，希望苏德“一个进了太平间，一个躺在手术台上”。

亚洲战场的情况颇为类似。日本深陷侵华战争泥潭，华尔街银团拥有着日本央行和日本军工体系，日本战败仅仅是时间问题。中国付出巨大代价后获得胜利，太平洋战争的爆发，加速了日本帝国主义灭亡的进程，而非战略层面的决定性因素。

第二次世界大战的结束，成了膘肥体壮的华尔街银团控制法、英、德、意、日、俄、中的最好时机。这些伤痕累累的国家铺红地毯都来不及，华尔街打着援助的旗号，一举主导了世界大国的金融命脉，缔造了美元世界。

这就是“马歇尔计划”的实质——甜蜜的金融糖衣炮弹。

图片故事：金融僭主与资本主义社会（2）《卡列斯法案》（1926）

为了制造社会矛盾，剥夺资产阶级的资产，华尔街共济会银团于墨西哥央行建立后几个月，在墨西哥抛出了《卡列斯法案》（1926）。这个法案宣布宗教人士批评政府判刑5年，没收宗教人士的财产，强化了1917年宪法规定的“宗教人士不许继承非亲属遗产”的规定。表面看，这是一个进步的法律。但西班牙裔资本家大多有宗教背景，这样就等于强行剥夺了资产阶级的资产，名义上是上缴国库，实际上是央行拥有。

央行缔造的军队，对中小资产阶级实施了金融主义的恐怖统治。反抗者被吊死在铁路两边的电线杆上（图），任由尸体飘荡给旅客看。这不是进步，而是金融掠夺。

二、“石油危机”的秘密

（一）石油危机

有一种观点：20世纪的三次石油危机，极大地打击了以美国为首的工业化国家，导致了一系列的世界动荡，凸显了世界经济正步入一个能源危机的新时代。这种说法强调了问题表象，没有触及金融实质。

石油从来没有任何变化，变化的是美元信用的数量。所谓“石油危机”是美元通货膨胀和“夕阳无限好”的资本主义虚拟经济的真实反映，是美元经济的危机，也是资本主义社会的深刻危机。

图片故事：金融僭主与资本主义社会（3）“宗教战争”与“共济会的无神论”

《卡列斯法案》（1926）的真正目的是逼虎上墙，欺骗舆论。墨西哥西班牙殖民者后裔面临要么破产，要么反抗央行兼并的残酷选择。这就催生了1926年所谓的“墨西哥宗教战争”。

这场战争的本质不是宗教与无神论的对垒，共济会不是无神论，而是拜魔鬼教。这些反抗者中有农民、中小手工业者、军人和中小资产阶级，他们反抗的对象是以央行买办为首的央行财阀。他们反对荒谬的央行体制和央行买办集团背后的华尔街金融僭主。所谓的“捍卫基督”，不过是宗教文化中反对共济会银团的舆论旗帜，并非经济层面的根源。

图为反映1926年“墨西哥宗教战争”的戏剧宣传画。

图片故事：金融僭主与资本主义社会（4）脆弱的握手与和平的反抗

共济会银团与中小资产阶级斗争的本质是金融主义的出现与自我完善，实践层面表现为央行买办与资产阶级关系的“短暂破裂”。此时，央行似乎化身为“某种反对旧世界的进步力量”，中小资产阶级在维护自身利益的同时，继续维持着与垄断金融资本的脆弱握手。这种反抗不仅必然失败，也必然具有“和平的一面”。

图为1926年，一些反抗者在写标语。他们试图通过呼吁阻止水到渠成的资本兼并，与其说这很可笑，不如说很真实、很深刻，也很无奈。他们高举着维护耶稣的宗教旗帜，却不反对金融主义垄断的根源，内因在于他们对资本世界的深刻眷恋和依赖。

（二）华尔街严重依赖金融危机

美联储世袭股东笔下的信用数字分文不值，必须赋予美国信用，并把美元与重要实体商品进行捆绑。传统能源的经济延伸很广泛，不仅包括石油、天然气、煤炭等能源产品本身，还包括其衍生出的化工产品产销体系，乃至整个能源产业链和依靠能源运行的世界经济。

美元和石油挂钩，让世界美元需求随着“能源价格上涨”而不断增加，永无止境。人们却不会认为这是华尔街有计划的贬值和金融劫掠。华尔街只需告诉人们：马铃薯价格上涨≠通货膨胀土豆。

图片故事：拉美社会的“革命”与“保守”（1）资本主义社会内部的不同力量与资本主义社会内部的所谓“革命”

不论是墨西哥，还是“大哥伦比亚共和国”，都给人一种“革命”和“无神论”的感觉。华尔街银团控制下的拉美央行体系，不是，也不可能是任何意义上的革命性的积极力量，即便对于资本主义社会来说，也是如此。

图为 1975 年，墨西哥央行发行的墨西哥货币 10 比索央行券的票样。这种货币属于央行券，现在美国央行发行的美元，真正的名称是美联储券。

三、巴西金融战役

（一）巴西奇迹

在第二次世界大战中，拉丁美洲国家没有直接参战，经济发展没有受到太大的影响。1968～1974 年，巴西国民生产总值年平均增长率超过 10%。1960～1981 年，巴西国民生产总值翻了三番。

巴西人均国民生产总值，从 247 美元猛增至 2241 美元。这种增长有实体经济的功劳，有技术进步的成分。但巴西上下没有注意到：同期美元相对于黄金和原油大幅贬值。

（二）巴西金融战役

1．准备阶段——制造刚性美元需求

第一次石油危机让高速发展的巴西经济陷入了困境。如果减少石油进口会严重影响巴西的工业化进程，引发经济衰退。即便巴西政府不顾代价地借入美元，也必须找到有足够美元数字的债主。

图片故事：拉美社会的“革命”与“保守”（2）资本主义社会的天鹅之歌

从历史角度来说，如果人类最终摆脱了金融僭主世袭家天下的桎梏，金融僭主体制则可看做是真正的社会主义国有制的资本序曲和资本主义制度的天鹅之歌。如果金融僭主体制在技术革命的帮助下，用人体芯片和奴化基因成功地控制了全人类，甚至消灭了“多余的人口”，金融主义时代的资本兼并将成为人类文明的谢幕曲。

图为1977年，墨西哥央行发行的墨西哥货币20比索央行券的票样。

全球经济都受到第一次石油危机的打击，美元需求空前旺盛。巴西政府借贷无门，石油危机催生了巴西的政治危机，这从政治层面减少了巴西政府的选择余地，失去了的战略视角，不是看不到，而是只能先顾眼前了。

2．战术布局——甜蜜的债务

在巴西政府陷入政治危机的关键时刻，华尔街给巴西送去了大量的美元贷款，利息似乎也不算高。华尔街精心安排了一系列短期滚动美元贷款和浮动利息的长期贷款。华尔街强迫巴西按照“一揽子金融开放协议”，全面开放资本市场，跨国金融资本取得了自由进出巴西国门的通行证。

巴西立刻摆脱了石油危机的影响，债务负担似乎并“不严重”。贷款利率不到5%，无论是不断滚动的短期借贷，还是浮动利率的长期美元贷款，巴西政府都可以承受。巴西经济发展很快，对归还贷款很有信心。

华尔街的**美元投资，即广义债务**，以更大的规模，不断注入巴西经济，带来了一片产值不断攀升的可喜景象。华尔街媒体对巴西一片赞扬。巴西一度被誉为：金融开放带来经济发展的全球化典范。

图片故事：拉美社会的“革命”与“保守”（3）拉丁美洲的“左翼运动”

罗思柴尔德家族是跨国犹太金融僭主。金融僭主体制依托跨国金融垄断和跨国共济会情报机构，寄生于各国的上层建筑，欧美老巢也不过是寄生国。金融僭主不依赖私有制，在资本主义和伪社会主义之间，他们立足前者，选择后者。

欧美社会的所谓“左翼运动”，尤其是拉美地区的“革命运动”，既非反封建的资产阶级革命，也非反对资产阶级的社会主义革命，而是一场带有鲜明悖逆选择特征的金融战宏观欺骗。这些运动大多与共济会和华尔街有关，欧美的“左翼”往往与华尔街的共济会情报机构有着密切的关系。

图为犹太共济会成员弗里达·卡罗（1907～1954），1932年3月19日的照片（中）。

3．连环陷阱

石油危机之后，华尔街就像一个孩子得到了一件新玩具，不停地玩了起来。这个玩具就是油价。虚拟石油交易完全主导了石油商品的价格走向，成功地掩盖了美元通胀的现实，世界各国的美元需求呈现指数增长。

第一次石油危机（1973～1974）到第二次石油危机（1979～1980）的间隔很短。华尔街给巴西的贷款条件越来越苛刻，利率逐步提高。巴西陷入了短期债务连环滚动的债务陷阱。石油价格的持续上涨也让巴西的美元需求越来越旺盛。

图片故事：拉美社会的“革命”与“保守”（4）弗里达·卡罗

弗里达·卡罗是墨西哥“革命思潮”中的标志性人物之一。她的父母都是犹太光照会的高级金融情报人员，属于核心的德国“老巴伐利亚派”。现在没有官方文献证明她是华尔街的情报人员，但她与华尔街关系很深，一直打着“革命运动”的旗号反对苏联等社会主义国家。里昂·托洛茨基就曾住在她家，并死于不远处的一栋有武装人员保卫的住宅。里昂·托洛茨基缔造了一个反对苏联的“世界社会主义”（世界主义）的“革命党”，史称“世界社会主义革命党”。这个组织还有一个名称——“第四国际”。

图为弗里达·卡罗和丈夫、犹太画家迭戈·里韦拉（1886～1957，右）1932 年的合影。

石油价格从 1970 年的每桶 1.2 美元，上涨到了每桶 20 美元左右。各地出产的原油密度不同，1 桶原油约为 136 千克或 159 立方分米（升）。

从战略角度来看，石油和其他商品之间的通胀增幅剪刀差必然趋于一致。从金融战技术层面，华尔街只需维系石油与其他商品的通胀率时间差，则可让巴西等拉美国家的出口创汇，永远追不上石油美元的支付需求。

巴西无法归还旧债，还要借新债。巴西经济在高速增长的光环下，在华尔街媒体“世界经济典范”的掌声中，一步步地陷入了华尔街精心设计的金融战连环陷阱。

图片故事：拉美社会的“革命”与“保守”（5）“第四国际”

从表面上看，拉丁美洲的一些国家似乎具有鲜明的反美倾向，但不少拉美国家的所谓“左翼”与华尔街共济会情报机构颇有渊源。一些看似反对美元体制和美国霸权的呼声，不过是缔结世界货币、推动世界政府的积极运作。我们对此必须保持清醒的头脑和冷静的判断，透过词汇和表象，理解所谓的“拉美革命运动”的生产力实质和华尔街共济会银团的百年策略。

图为所谓的“第四国际”的徽章。这个“稍做改动的镰刀锤子”，代表着截然不同的生产力含义。今天，金融僭主推动的拉美生态社会主义运动与真正的社会主义运动，有着本质的区别。

4．致命一击

1979 年秋就任的美联储主席、犹太银行家沃尔克，将美元年息从 5%大幅提高到 20%以上，史称“沃尔克冲击”。这是一个疯狂的复息利率，美元高利率的窗口是华尔街用美元流动性掠夺世界财富的大好时机。

石油价格一度涨到每桶 35 美元，巴西等拉美国家陷入了极度的美元饥渴。巴西被迫接受利率高达 20%的短期美元贷款，其中大多数是周期 3 个月的滚动贷款。这些复息贷款，形成了人们常说的利滚利“驴打滚儿”。

巴西政府也知道这是饮鸩止渴，但毫无办法。

图片故事：墨西哥皇帝之死与“拉丁概念”的演变（1）巨大的“社会实验”

华尔街银团把欧美分为两大治理区域。欧洲存在很多君主制国家，美洲采用选举制度。依托信用供给的全球垄断，欧美社会生产资料所有者和生产关系的控制者，都是金融僭主罗氏集团。拉丁美洲也曾有人做过皇帝梦。

图为墨西哥的第二个皇帝斐迪南·洛林（1832～1867），他的帝号为墨西哥皇帝马西米连诺一世（1864～1867，在位）。他后来被公开处决。此后，无人敢在拉美国家称帝。这就是跨国垄断金融资本的“社会实验”。

5．“丰收”的时刻

金融战役优于传统战争。金融战役的发起者可以自由选择毁掉财富，还是拥有财富。华尔街的目的是控制巴西，巴西经济被债务危机逼到破产边缘的时候，罗氏缔造并控股的国际货币基金组织提出了“一揽子解决危机的建议”。大致有如下几项：

（1）巴西国有企业私有化，支柱产业跨国化。

（2）巴西货币、资本、外汇等金融机构的人事、管理与运作，必须实现全球化、自由化、无障碍化、独立化、央行化。

（3）巴西可以得到贷款，但必须由巴西独立央行和国际货币基金组织“监管”巴西的政府预算。巴西的外债年息一度飙涨到22%的水平。

图片故事：墨西哥皇帝之死与“拉丁概念”的演变（2）共济会的演变

墨西哥皇帝马西米连诺一世是第二金融帝国（注 19）的历史遗产。德国法兰克福犹太银团对此人并不满意。此时正值古典共济会与罗氏缔造的攫取共济会财富的现代共济会激烈争斗的时刻，家人曾力阻斐迪南·洛林（马西米连诺一世）去墨西哥做华尔街的傀儡皇帝。他不听劝阻，1867 年在墨西哥被枪决，死得不明不白。

图为 1867 年，德国法兰克福犹太共济会成员、犹太画家弗朗茨·艾克斯威·文特哈特（1805～1873）绘制的《马西米连诺一世》皇帝遗像，罗氏 1866 年向他订购此画，1867 年完成，现存于墨西哥查普特派克城堡历史博物馆。

（三）巴西金融战役的巨大影响

1．战术层面

1980～2000 年的 20 年间，巴西等拉美地区的人均收入仅增长了 10%。对比一下 1960～1981 年间的巴西国民生产总值翻了三番的数据，就能真实感受到巴西金融战役的威力了，2000 年的美元购买力远低于 1980 年。此间，所谓的“产值增长 10%”，实际上是深刻的经济衰退。

2．战略层面

巴西政府彻底丧失了对金融事务的发言权。国际债权人集团依托债权灵活地控制着巴西央行体系的人事、政策和内容。华尔街深刻地塑造着巴西的上层建筑，影响深远。巴西的实体经济打上了全球化的债务烙印。

图片故事：墨西哥皇帝之死与“拉丁概念”的演变（3）被处决的皇帝

斐迪南·洛林死了，他成了一只被杀的“鸡”，儆的“猴”是欧美强大的传统贵族。1867年6月19日，他被公开处决。古典共济会成员雨果四处求情，却坚决反对支持斐迪南·洛林的现代共济会成员拿破仑三世和罗氏。

图为1867年6月19日，斐迪南·洛林被枪决的油画，作者是犹太画家、共济会成员爱德华·马奈（1832～1883）。

四、阿根廷金融战役

（一）空前的危机

2001年12月5日，中国《环球日报》驻阿根廷记者李志明发回了一则财经新闻：“从本周起，阿根廷人从自己的银行账户（包括定期存款）上每星期最多只能提取250 比索或美元现金。个人携带出境的外币不得超过1000美元。小零售商销售额一周下降了40%”（注20）。

结果，小零售商的销售额，一周骤降40%！人们立刻陷入一片恐慌。“法兰西银行的免费热线7小时内接到5.3万个咨询电话！”阿根廷海关总长承认：“控制携带现金出境几乎不可能”。

图片故事：墨西哥皇帝之死与“拉丁概念”的演变（4）现代拉丁概念的形成

墨西哥皇帝被公开处决，让欧洲传统贵族和天主教势力心有余悸。罗氏统治下的欧美形成了“老欧洲”对“新世界”的平衡格局，拉美央行集团所谓的“革命”，也给美国人民留下了不可磨灭的印迹，构成了一个宏大的战略欺骗。

著名文献纪录片《美国：从自由到法西斯》（图）中，也有“央行是共产主义的纲领”的误解（注 21）。央行体制是没落、腐朽的金融僭主体制下的跨国影子政府和跨国金融情报组织，是资本主义从辉煌走向没落时期的金融怪胎。

（二）华尔街的信用评级机构

2001 年 3 月，摩根财团控股的华尔街评定信用等级的私人机构穆迪公司与标准普尔，先后降低了阿根廷政府债券的信用等级。截至 2001 年年底，穆迪公司先后 4 次、标准普尔先后 6 次，大幅降低阿根廷政府债券的信用等级。阿根廷的借债负担骤然增加，还债能力随之降低。

这是一个典型的“自我实现的预言”。

图片故事：墨西哥皇帝之死与“拉丁概念”的演变（5）新世界的梦想之域：美国

拉丁美洲演变为新世界概念的同时，拉美各国在华尔街的剥夺下，纷纷陷入贫困、通胀和两极分化的社会泥潭。新世界的概念就调整为著名的美国梦。很少有人记得：美国曾经就是“哥伦比亚、拉丁神域”。

美国司法部司法统计局2010年10月13日的报告显示，仅2009年，美国12岁以上公民共经历430万起暴力犯罪、1560万起财产犯罪和13.3万起个人盗窃犯罪，犯罪率为每千人17.1起；[1]皮尤研究中心2008年报告表明，美国每100个成人中就有一个在监狱服刑；[2]美国劳工部2010年12月3日公布的数据，2010年11月，美国失业率为9.8%，有1500万人失业；[3]美国农业部2010年11月发表的报告显示，2009年，美国有14.7%的家庭面临食品短缺；[4]5000万人生活在没有足够食物的家庭；[5]2007年5月到2010年9月，美国领取食物券的人数从2600万人增至4200万人，每8个美国人中有1人在使用食物券；[6]美国参与伊拉克、阿富汗战争的士兵，退伍一年半后就可能沦为无家可归者，每年大约有13万退伍老兵成为无家可归者[7]（注22）。

图为美国哥伦比亚电影公司的旧时股票。“光照者”下的女子是哥伦比亚的化身及拉丁大陆——美国或美洲的象征。

图片故事：大哥伦比亚的故事（1）大哥伦比亚共和国

共济会银团缔造的大哥伦比亚包括今天的巴西、哥伦比亚、哥斯达黎加、厄瓜多尔、圭亚那、巴拿马、秘鲁、委内瑞拉等国的全部或部分领土。大哥伦比亚共和国，1819年12月17日建立，1831年11月19日解体。大哥伦比亚共和国的建立和解体，都符合华尔街的利益，而不是相反。

图为1820年，大哥伦比亚共和国的版图。

（三）沉重的债务

1. 沉重的债务包袱

阿根廷债务危机的第一波浪潮，大约在第一次石油危机和沃尔克冲击之间。世界银行和国际货币基金组织用名义上的资金援助，取得了远超过本金的债权和利息。这种现象是“华尔街资金援助”的商业副产品。

2007年，华尔街给陷入支付困难的美国人民提供的援助贷款，即“发薪日贷款”（高利贷），期限两周平均借款325美元，平均还款793美元。

阿根廷的债务利率在20%左右，100美元的外债，10年就变成了619美元。此时，即便支付300美元的利息，依然会有300美元的债务。

图片故事：大哥伦比亚的故事（2）金融国家与“光照者”

图为大哥伦比亚国的“国徽”，也是共济会对拉丁美洲的诠释。强大的资本力量改变了近代学术研究和历史记录，人类历史上从来没有过所谓的拉丁语国家，拉丁是一个被共济会引申为“新世界神国”的宗教概念。近代的“古拉丁语”出现于文艺复兴之后，此前拉丁语是一个很空泛的神学概念，并非历史概念。

图中冉冉升起的不是朝阳，而是“光照者”——请注意，这不是太阳，而是一只巨眼。带着羽毛的印第安人形象是在暗喻美洲属于犹太人。屠杀印第安人的元凶——共济会银团为了宣扬美洲建国的合法性，把印第安人说成犹太王的后裔（注23）。盾牌暗喻罗思柴尔德家族。

图片故事：大哥伦比亚的故事（3）西蒙·玻利瓦尔“独立运动”的历史背景

共济会成员西蒙·玻利瓦尔（1783～1830），处于罗氏逐渐攫取古典共济会银团的财富，逐渐把古典共济会银团改造成新一代金融僭主统治工具的历史时期。西蒙·玻利瓦尔的“独立”和“革命”，没有触及共济会的阴暗统治，也没有带来一个人民当家作主的上层建筑。

图为西蒙·玻利瓦尔在加拉加斯（今委内瑞拉首都）的出生之地。

2．新的债务危机

阿根廷有着丰富的畜牧资源和铜资源，这些实体商品不断输入西方国家的经济机器，换回美元数字，又通过金融战役形成的债务陷阱，巧妙地回流华尔街。

阿根廷的债务危机日益严重。2001 年，阿根廷中央和地方政府的负债总额高达 1500 亿美元。债务构成主要为：

（1）沃尔克冲击后的高息贷款，利滚利形成的债务雪球。

（2）1990 年，阿根廷曾一度出现了摆脱债务的曙光。国际货币基金组织和世界银行怂恿阿根廷政府，在1991～1994年间，大肆发行海外预托证券用于经济起飞。这就是华盛顿共识的“起飞理论”。

图片故事：大哥伦比亚的故事（4）西蒙·玻利瓦尔“革命运动”的金融含义

西蒙·玻利瓦尔等领导的拉美独立运动，削弱了传统贵族集团、天主教集团对金融僭主的微弱制约，缔造了一个“独立”于“旧世界”的“新世界”。这个新世界的金融制高点，完全掌握在盘踞在华尔街和伦敦金融城的罗氏银团手中。西蒙·玻利瓦尔等人的“革命”巩固了金融僭主体制，背离了拉美人民的根本利益，埋下了本来富饶的中南美洲“拉美化”的伏笔。

图左为1804年的西蒙·玻利瓦尔，图右为1812年的西蒙·玻利瓦尔，均为油画。

这笔债券的发行额高达41.4亿美元，并附带了“一揽子金融监管协议”，跨国银团在阿根廷实施了严格的“控制通胀的经济紧缩措施”。阿根廷经济应声陷入萧条，旧债未还，又添新债。

3．阿根廷的烈性通货膨胀。

阿根廷央行的高利率政策抑制了经济复苏。与此同时，央行集团又大量释放货币流动性，制造了烈性的通货膨胀。这个措施形成了典型的经济滞胀，跨国银团以此为契机，廉价地控制了阿根廷的实体经济。

图片故事：大哥伦比亚的故事（5）敌我不分的央行之路

西蒙·玻利瓦尔的队伍，与华盛顿统帅的北美大陆军类似，具有鲜明的银行雇佣军性质。这支队伍的领导构成、情报体系和资金来源，都极度依赖共济会银团，或者说依赖罗氏。所谓的“拉美革命”铺平了拉美央行之路，并非真正意义的革命。

图为西蒙·玻利瓦尔（左）和副手法兰西斯科·桑坦德（右）的油画（1812）。他们的联手是共济会兄弟的联手，在金融僭主那只看不见的手的指挥下，这种握手与西蒙·玻利瓦尔等人与华尔街的握手一样，同样脆弱和不堪一击。2010 年，委内瑞拉为了证明西蒙·玻利瓦尔被法兰西斯科·桑坦德毒死的说法，开棺验尸（注 24）。

20 世纪 90 年代，阿根廷通货膨胀率一度超过 2000%，国民经济处于半瘫痪状态。1991 年上任的阿根廷财政部长卡瓦略解释说：通货膨胀率居高不下的主要原因是阿政府用印刷钞票的方式来弥补赤字。实际上，阿根廷政府根本就没有货币发行权，央行操纵了这一过程。

与此同时，国际货币基金组织和阿根廷政府之间却有一条有趣的监管协议：阿根廷政府对国际货币基金组织承诺，2001 年度的财政赤字不得超过 65 亿美元。黑锅政府负担，权力央行执掌。

图片故事：大哥伦比亚的故事（6）代理人体制与武装集团

美国每年有大约13万退伍老兵成为无家可归者(注25)。这种针对武装集团下层的蓄意压迫，广泛存在于资本主义世界。金融僭主这样做，是为了避免金融国家内部、代理人集团与武装集团的尾大不掉。共济会大师的身份不能带给西蒙·玻利瓦尔等代理人真正的保护和持久的支持。

图为西蒙·玻利瓦尔南征北战，巩固大哥伦比亚共和国的油画（1824）。

这是一个不可能实现的承诺，制造了一种颇为奇特的烈性通货膨胀下的通货紧缩型金融危机。其金融本质是：阿根廷央行在有计划地释放海量流动性的同时，配合跨国银团控制阿根廷的实体经济，把物价水平预先调整到高于通胀率的水平。阿根廷的产值在不断增长，人们的生活水平却在不断下降，非跨国企业经营越来越困难，经济殖民化成为历史的必然。

4．不设防的城市

华尔街主导的阿根廷央行，代表阿根廷政府与华尔街签订的浮士德式的承诺等于宣布布宜诺斯艾利斯是一座不设防的城市，这让金融危机的发生有了虚伪却充足的依据。

2001年12月，鉴于阿根廷没有实现削减财政赤字的承诺，国际货币基金组织决定暂时冻结对阿根廷的12.6亿美元的贷款，阿根廷立刻发生了严重的金融危机。

图片故事：大哥伦比亚的故事（7）奇怪的金融热战

西班牙央行控制在罗氏银团手中，罗氏银团通过洛希尔银行控股法兰西银行，法兰西银行控股所谓的“拉丁货币联盟”。罗氏控股的瑞典银团缔造了“斯堪的纳维亚货币联盟”（1873～1974）控制着丹麦、瑞典、挪威等国的货币，斯堪的纳维亚货币联盟，有时也被称为北欧货币联盟。

拉美独立运动的金主是罗氏缔造的华尔街银团。国家是与生产力诸元对应的上层建筑，金融国家在金融僭主体制的基础上，缔造了一个又一个金融国家，使之相互战争、危机不断。这种危机也包括轰轰烈烈的“独立”与“平叛”。

代理人通过对跨国银团的虚假举债，不显山不露水地出卖着民族利益，抵押民族劳动和民族国家的税收与信用，换取“国际债权人”的信用符号。金融僭主的“左右手的互搏”，不但没有，也绝对不会损害金融僭主的利益，反而给金融僭主带来了巨大的利润，巩固了金融僭主体制。

图为1989年，墨西哥央行发行的墨西哥货币10比索央行券的票样。

5. 2001年，阿根廷国民生产总值约为4000亿美元，人口约有3626万人，人均负债高达5000美元。考虑到华尔街对阿根廷的信用评级，实际利率可能高于20%。假设健康劳动力人口占总人口的33%，每个劳动者必须负担1.5万美元的债务，但劳动者还不一定全有工作。

20%的债务年息，每年债务利息制造的资本输出和增加的新债之和，超过了阿根廷经济每年增长的绝对数字。流动贷款利率的平均水平，接近或超过了阿根廷企业的毛利率。

这样的债务具有不可归还性。背负这样的债务达成的“经济增长”，实为虚拟增长。这种债务的本质是隐性的经济衰退和经济的殖民化。

图片故事：大哥伦比亚的故事（8）共济会大师弗朗西斯科·德·米兰达

罗氏通过共济会大师弗朗西斯科·德·米兰达（1750~1816，图），指导着西蒙·玻利瓦尔，西蒙·玻利瓦尔对“太上皇”的不满也与日俱增。犹太银行家弗朗西斯科·德·米兰达在早期，不仅是大哥伦比亚（1819~1831）独立建国运动的领导者，更重要的是他控制着武装斗争必须的资金来源。

五、墨西哥金融战役

（一）金融危机与债务包袱

墨西哥金融危机的后面，需要标注年份，不然就分不清。

例如：1982 年、1994 年、1997 年金融危机。人们不太熟悉的拉美金融危机还有很多：1982 年爆发的智利金融危机、哥伦比亚金融危机、乌拉圭金融危机。

第一次石油危机，导致油价大幅飙升，沃尔克冲击让墨西哥背负了沉重的债务包袱，这个过程对每一个拉美国家来说都是沉重的打击。一些经济影响力比较小的拉美国家，往往会陷入更加严峻的金融危机。媒体不太关注，不等于金融危机凭空消失。

图片故事：大哥伦比亚的故事（9）无限风光的代理人

没有充足的资金，西蒙·玻利瓦尔不可能一次又一次地迅速重建队伍。弗朗西斯科·德·米兰达是拉美地区，听命于罗氏的“大区央行行长”。他的金融作用类似于美国独立战争时期的犹太银行家、罗氏代理人罗伯特·莫里斯（注 26）。

弗朗西斯科·德·米兰达比莫里斯还要风光，他越过西蒙·玻利瓦尔直接掌握军权。罗氏对他如此揽权并不放心，西蒙·玻利瓦尔更是怨气冲天。弗朗西斯科·德·米兰达走到那里，都是前呼后拥（图，1810），这种自我膨胀的高调做派，埋下了他个人悲剧的种子，至少也加速了这一悲剧性时刻的到来。

1982 年，墨西哥债务危机持续不断。墨西哥的外债从 20 世纪 70 年代初的十几亿美元，猛增到 1994 年的 1000 亿美元。1994 年，墨西哥外汇储备仅为 70 亿美元，金融危机不可避免地爆发了。

（二）赛拉宣言与 1994 年的墨西哥金融危机

1．常规的应对措施

墨西哥政府只要进行严格的金融监管；立即撤销、日后彻查独立央行；暂时冻结跨国热钱资本流动；硬性管制除贸易和必须的用汇需求外的外汇兑换；把墨西哥比索和美元硬性挂钩，造成有价无市。

图片故事：大哥伦比亚的故事（10）买办之死

1812年7月25日，弗朗西斯科·德·米兰达在苏格兰银团缔造并控股的英国东印度公司的战舰上，被共济会兄弟、一起反对西班牙统治的西蒙·玻利瓦尔诱捕。西蒙·玻利瓦尔把他与法兰克福犹太银团（罗氏银团）的联络人——米兰达交给了西班牙政府。这一幕充满了讽刺。

不仅弗朗西斯科·德·米兰达于1816年7月14日神秘地死在狱中。据传，死前几天，他曾说出一些“足以震撼西班牙和教廷”的有关犹太银团和共济会的秘密，试图以此换取自由。这些无法证实的传言和他的被捕与死亡一样，永远都是一个谜。

图为油画《狱中的弗朗西斯科·德·米兰达》。

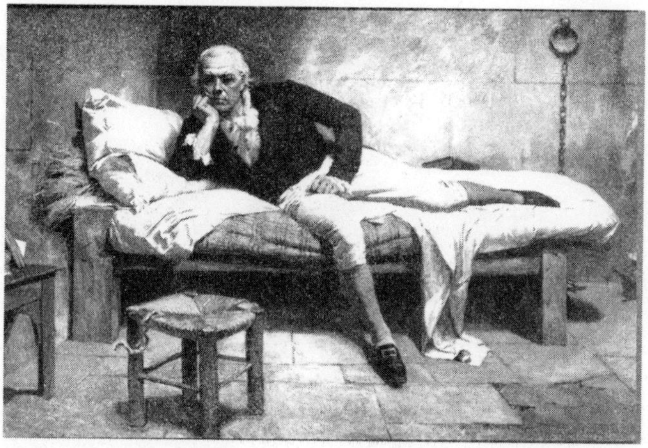

墨西哥政府只要坚决取缔外汇黑市；努力扩大出口；暂时停止外债归还；依托国家机器与国际债权人进行谈判，华尔街制造的墨西哥金融危机就难成气候。事实却不是这样。

2．1994年12月20日的秘密会议

金融战役中反复出现的“反常的政府决策”，再一次戏剧性地出现在1994年墨西哥金融危机中。1994年12月20日，墨西哥财政部长赛拉、央行货币委员会成员和跨国企业的一些头面人物，进行了一系列幕后磋商。

此后，墨西哥央行决定用金融开放的奇妙策略来制止金融危机的到来，用放任贬值来应对汇率危机——墨西哥比索对美元的汇率的自由浮动的范围增加到15%，不久竟然取消了一切限制。该决议史称“赛拉宣言”。

图片故事：大哥伦比亚的故事（11）巅峰与危机

西蒙·玻利瓦尔与弗朗西斯科·德·米兰达的决裂，得到了苏格兰银团的鼎力支持。这也可以看做是西蒙·玻利瓦尔与罗氏握手的终结。但从实践层面来看，西蒙·玻利瓦尔在罗氏眼中的价值与威胁，同时上升了。也就是说，不论是否是罗氏用西蒙·玻利瓦尔消灭了弗朗西斯科·德·米兰达，西蒙·玻利瓦尔的价值都上升了。

罗氏下一个目标，无疑就是西蒙·玻利瓦尔。这个复杂的过程还让罗氏对西蒙·玻利瓦尔极力主张的大哥伦比亚共和国，产生了深刻的不信任。从罗氏的角度来看，华尔街的确很难驾驭这样一个巨大国家的缔造者。

图为百年后，西蒙·玻利瓦尔被开棺验尸的一幕（注 27）。

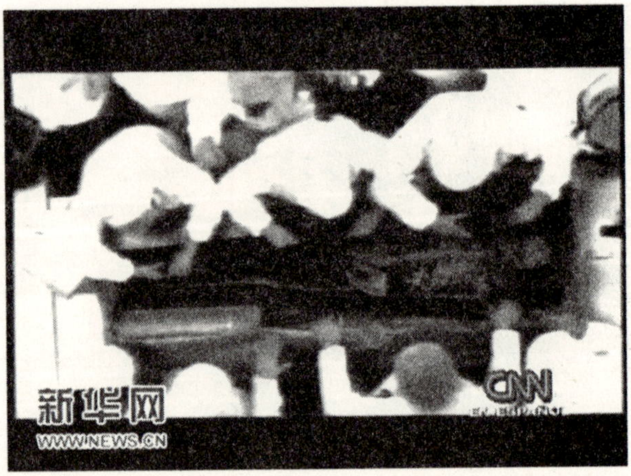

3．汇率崩溃

不可思议的“赛拉宣言”，传达了明确的贬值信号。48 个小时后，墨西哥外汇告罄。有文献说，48 小时后墨西哥政府还有 20 亿美元的紧急外汇储备。但也有传言说，“赛拉宣言”前，墨西哥外汇储备就被人买走了。“赛拉宣言”是 1994 年墨西哥金融危机的导火索。

4．群羊效应

“赛拉宣言”诱发了墨西哥金融市场的群羊效应，给人以无限遐想。假设央行集团的某个华尔街代理人，提前 1 小时知道了“赛拉宣言”的内容，他可以放心大胆地无限量借贷墨西哥比索，然后买入赌墨西哥比索下跌的汇率期货指数合约。

图片故事：大哥伦比亚的故事（12）脆弱握手的另一层含义“代理人的中间道路”

图为西蒙·玻利瓦尔的爱人曼纽拉·莎恩兹，她曾使西蒙·玻利瓦尔免于被刺杀。这是一个危险的信号，西蒙·玻利瓦尔为了安全，必须与华尔街彻底决裂，拥兵自保或立刻退出政治舞台。历史中，他选择了谈判，试图与华尔街达成“平等的交易”。代理人与金融僭主之间不存在平等对话的基础，这就是脆弱握手的另一层含义。

48 小时后，当这个假想交易人归还墨西哥比索时，墨西哥比索已经大幅贬值。假设杠杆倍率为 100 倍，美元相对于墨西哥比索又升值了几倍，假想交易人可以获利几百倍于投入的美元，并给墨西哥比索的汇率带来相应规模的金融冲击。

（三）墨西哥金融危机的影响

1．华尔街基金与土地私有化

华尔街对冲基金使用墨西哥央行的比索贷款，利用衍生金融工具，大手笔做空墨西哥比索汇率和墨西哥股市指数。华尔街基金合法地赚到了一笔不可思议的巨额收入，然后胜利离境。

1994 年 12 月 20 日之后的一段时间，国际债权人一边逼债，一边廉价收购墨西哥破产农户的土地，这导致了墨西哥已经存在的土地问题更加复杂和尖锐。这种金融农庄，有自己的银行武装，在墨西哥土地上形成了金融飞地。

图片故事：大哥伦比亚的故事（13）33级的石匠大师

西蒙·玻利瓦尔与罗氏的不和，并没有引发财政危机，苏格兰银团解决了这个问题。西蒙·玻利瓦尔对罗氏代理人的诱捕，让失去北美银行领地的苏格兰银团闻到了一丝“扳回一局”的胜利气息。

1824年，西蒙·玻利瓦尔被破格授予苏格兰共济会最高级别的头衔：33级石匠大师的称号，并被赋予苏格兰共济会总监督长的职务。这不禁令人想起百年后，苏格兰共济会的另一个33级的石匠大师——美国联邦调查局局长埃德加·胡佛的一生，同是情报官员职务。

图为旋即“身染重病去世”的西蒙·玻利瓦尔（油画）。

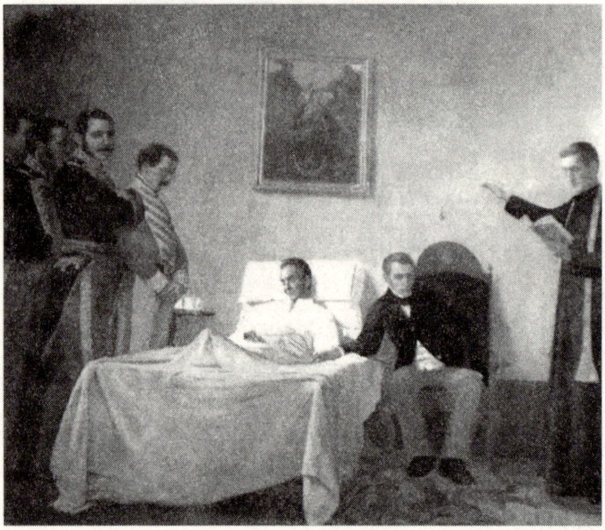

2．人均产值与人均收入的剪刀差

从统计数字上来看，墨西哥人均国民生产总值达到6000美元，在发展中国家还是比较高的水平，但这仅仅是表面现象。墨西哥的工业体系和大部分良田、矿山都控制在华尔街银团手中，这些跨国公司的产值只能在账面上美化墨西哥的人均产值，对人均收入影响不大。

跨国公司解决了拉丁美洲人民就业的说法，并不可信。跨国公司投资的项目大多具有资金密集性和技术密集性的特征，美墨边境的芯片车间，每年产值几百亿美元，可车间里基本没有工人。

图片故事：大哥伦比亚的故事（14）拉美革命的金融含义

拉美革命，可以算是资本主义社会内部的某种变革。这种变革突破了欧洲传统贵族、宗教势力、金融僭主、中小资产阶级之间的传统游戏规则。通过扶植代理人，华尔街银团缔造了一个有利于跨国金融僭主体制的拉丁美洲。

这种变化孕育了美洲的央行体制。央行的秘密在于债务货币理论、独立央行理论和赤字国债理论的深刻实践。央行是国有还是私有，没有任何区别。很少有人理解这一点。

图为以西蒙·玻利瓦尔头像为图案的委内瑞拉玻利瓦尔共和国央行发行的硬币。

3．巨大的损失

1994年的墨西哥金融战役，让墨西哥经济遭受了无法估量的损失。“赛拉宣言”后的60天内，19300家墨西哥企业破产。墨西哥通货膨胀高达50%，失业问题更加严重，人均工资下降20%。墨西哥政府的财政赤字达到了国民生产总值的8%，外债超过了1000亿美元。

4．1994年墨西哥金融危机的点滴回顾

（1）央行体制的金融后果

墨西哥经济全球化程度太高，外资的广义债务属性没有被认真对待。墨西哥政府没有金融权力，央行操纵着一切，墨西哥外债结构不合理，债务管理混乱，无人监管独立央行管理的外债账目，一切真相都淹没在云雾中。墨西哥外债具有利率高、周期短、规模大的特点。

图片故事：大哥伦比亚的故事（15）废墟上兴起的金融僭主体制

西蒙·玻利瓦尔缔造的大哥伦比亚共和国1819年12月17日建立，1831年11月19日正式解体。西蒙·玻利瓦尔1783年7月24日出生，1830年12月17日去世。西蒙·玻利瓦尔去世了，大哥伦比亚共和国也就解体了。

西蒙·玻利瓦尔无疑是19世纪拉美独立运动的旗帜。与此同时，西蒙·玻利瓦尔在拉美缔造的债务货币体制，日后催生的拉美各国央行却依附于华尔街。

这种现象并非拉美独有，也不是西蒙·玻利瓦尔个人选择导致的局部现象。这种现象仁者见仁，智者见智，是世界金融战役史中的一大奇观。

图为西蒙·玻利瓦尔的家族纪念碑。

（2）金融事务央行化的政治内涵

“赛拉宣言”是墨西哥央行体制的真实体现。墨西哥财政部长是墨西哥央行的传声筒和使央行看似国有的品牌代言人，墨西哥央行通过“赛拉宣言”宣布墨西哥比索对美元汇率浮动空间扩大到15%。

48小时后，墨西哥央行干脆宣布：墨西哥比索与美元自由兑换。墨西哥央行在墨西哥金融战役的打响时刻，悄无声息地打开了国门，解除了墨西哥的金融武装。

这是1994年的墨西哥金融危机一发不可收拾的根本原因。

图片故事：大哥伦比亚的故事（16）拉美金融的昨天、今天和明天

图为“2007 年 10 月 24 日，人们在委内瑞拉中央银行参观新版货币的宣传画”（注 28）。委内瑞拉央行为什么要纪念西蒙·玻利瓦尔？委内瑞拉政府反对美元体制的倡议与委内瑞拉央行的交集，又在哪里呢？

这一系列的奥秘就在于从区域货币到世界货币。2009 年 9 月 26 日，委内瑞拉总统查维斯在第二届非洲南美洲首脑会议上提出：“为非洲和南美专门建立一个银行，以及为两大洲专门创立一种新的货币，以摆脱对美元的依赖”（注 29）。

在了解委内瑞拉央行的运作机制后，人们也许会对这一预计中的“反对美元的区域货币”和拉美地区一系列经济和政治现象，诸如“金融拉美化”和“拉丁美洲金融危机”等，有一番新的感受。

（3）窗口效应与债务繁荣

墨西哥金融市场全面开放，大量的美国投资涌入墨西哥的房地产市场、股市和汇市，催生了虚拟经济的空前繁荣，促成了墨西哥比索的持续升值。外资流出的时候，这些原本在统计上表现为流动资金或固定资产的海外投资，迅速转化为狭义的、统计上没有记录过的美元债务。这就是金融战役学中的窗口效应和外部投资的广义债务属性的战役实践过程。

（4）从增长到赤字

墨西哥经济殖民化的过程中，一度呈现股市繁荣、比索汇率升值、产

值增长的可喜现象。跨国公司在墨西哥的转口贸易中制造了墨西哥政府统计的进出口总额数字的持续大幅增长。

金融危机爆发以后，墨西哥比索贬值，国民生产总值下降，外资出逃暴露了墨西哥进出口经济的薄弱和转口化。墨西哥本国的实体经济并没有真正形成足够的创汇能力，外资一旦撤出，贸易赤字迅速扩大。外企税收减少，立刻导致预算失衡，构成了双赤字现象。

墨西哥央行为了弥补财政缺口，盲目扩大墨西哥比索流动性的投放量。与此同时，为了制止必然出现的通货膨胀，又提高了利率。高利率政策给墨西哥经济带来了巨大的金融压力。金融环境的恶化，促使外资乃至本国资本进一步全面出逃。

（5）外汇储备与新的债务

1994 年，墨西哥金融危机爆发时，外汇储备已经不足以满足 3 个月的进口贸易用汇。墨西哥政府必须保证市面商品充足，才能避免金融危机演变为社会危机。

墨西哥的外汇储备，大多来自外部热钱和外资企业，而不是本国实体经济的创汇果实。金融危机爆发后，墨西哥政府在解决金融危机方面，对内完全依靠墨西哥央行，对外完全依靠“国际援助”。

这是增借新债纾一时之困；增发货币缓眼前之忧。一段时间后，必然会爆发更大规模的金融危机。1997 年，墨西哥再次爆发了金融危机，美联储授权美国联邦汇率稳定基金、国际货币基金组织、国际清算银行和一些华尔街金融机构共同行动，给了墨西哥一笔 530 亿美元的巨额贷款。

这无异于扬汤止沸，进一步加重了墨西哥的债务压力，埋下了新危机的导火索。拉丁美洲国家的金融危机是一种深刻的制度危机，本质是生产关系层面的资本主义痼疾和国民经济的殖民化。

根源在于华尔街的金融僭主制度，塑造和主导着拉丁美洲的经济和上层建筑。这一过程可以追溯到拉丁美洲国家独立时期，政治人物和华尔街的脆弱握手，甚至可以追溯到更早的殖民地开拓初期的资本布局。

图片故事：拉美金融战役一瞥——委内瑞拉央行的故事

（一）全球化的金融僭主体制

拉美是所谓的“全球化”运动的先驱。全球化的本质是金融僭主体制，

其实现必须首先在各国建立一个独立的央行体制，主导各国的上层建筑。然后通过推行所谓的“多党自由选举制度”和“选举人赞助制度”，利用各国央行朋党把持的各国资本，遴选政治代理人，最终实现经济高端及金融制高点对上层建筑的控制。

新闻视频截图（注 30）。

（二）委内瑞拉央行路线图

独立→金融私有化与金本位骗局→拉丁联盟→国有央行与债务货币骗局→央行的“公共化”→“反对美元的世界货币”

（三）金本位与货币联盟

拉美独立运动，摧毁了西班牙政府对拉美殖民地的金融管理体系。独立的殖民地政府实施了全面的金融私有化，华尔街用金本位骗局，让人们接受了私有货币概念和债务货币概念。这是 21 世纪华尔街推动金本位思潮的战略目的。

不仅如此，全球化也成了代理人政治家嘴中的“大方向”。19 世纪委内瑞拉的货币，名为金本位，实际上控制在法兰西央行拥有的“拉丁货币联盟”之下。法兰西央行的控股者，恰恰是美国历史上三个央行体制的缔造者和所有者——罗氏。

拉美各国的情况基本类似，这里以拉美反对美元体制态度比较鲜明的委内瑞拉为例。拉美地区影响比较大的墨西哥央行单独介绍过了。大哥伦比亚共和国的解体，在拉美播下央行体制的种子。以委内瑞拉为例，名义上由政府发行货币，实际上需要外国银行家提供金本位货币抵押，金条存单抵押、外币抵押、国债抵押，才能发行货币。

（四）《委内瑞拉央行法》（1939）

委内瑞拉和今天所有建立了央行体制的国家一样，没有真正的黄金储备，只有存储在华尔街犹太银行家私人金库中的黄金存储凭单。委内瑞拉政府没有金融和货币事务的发言权，管理只是一纸空文与合法卖国的遮羞布。

委内瑞拉货币发行主要依靠给罗氏控股的法兰西银行、德意志银行和后来的美联储银团，提供以人民劳动和国家信用为基础的国债抵押，荒谬地换取信用符号。

1939年9月8日，经过激烈斗争，《委内瑞拉央行法》（1939）成功地变成了法律，把过去就实际独立存在的、所谓的“货币委员会”彻底独立，演变为委内瑞拉银行。这是一个国有的独立央行，这里必须再次明确一个严肃的技术问题：央行体制根本无所谓国有，还是私有。

央行体制本身是债务货币体制和赤字国债理论的产物，国际债权人和央行买办集团，拥有和管理着央行，并通过秘密攫取所谓的“假币调查权”，让央行演变为一个可怕的、独立的、跨国武装情报机构，牢牢控制着各国的主权。

（五）《19974政府令》

委内瑞拉“革命制度党”政府积极配合支持建立央行的议员，在1939年12月8日，颁布了《19974政府令》，支持央行的建立。根据委内瑞拉央行发布的《委内瑞拉央行历史》记载：“这个国家的保守势力，对于央行极度地愤怒。他们不理解国际和国内的变化，把央行看成是民族货币主权的威胁，把央行看成是导致公共财政支出失控的根源。议员提出央行法案违反宪法（反对法案失败），争吵蔓延到媒体”（注31）。

（六）国有央行与债务货币

央行法案明确提出央行发行央行券，必须以国债抵押；存于外国银行金库中的金条抵押；外币抵押等为发行依据。这样一个所谓的国有央行，就成了华尔街金融僭主的统治工具。华尔街金融僭主提供“黄金存储凭单”或美元，委内瑞拉央行才能发行货币。更糟糕的是：这种提供是商业活动，本质是国债抵押。

这样，委内瑞拉人民就凭空背负了一笔总量等于，并逐渐大于本币总量的莫名国债，却从未真正借过这笔钱。华尔街银团仅仅提供数字，换取真实的债权。大于货币的债务，不可归还，局部归还也会导致通货紧缩型金融危机。

（七）央行的进化

委内瑞拉央行法案不断调整，央行权力越来越大。其间经过 1943 年、1948 年（失败）、 1960 年、1974 年、1983 年、1984 年、1987 年、1992 年、2001 年多次调整，让委内瑞拉进入了“货币民主的新纪元”（注 32）。比较有代表性的一步是 1992 年 12 月 4 日，央行法修正案把委内瑞拉央行发展为“公共法人实体”（注 33），实为央行法理层面的私有化、外资化、股份化。现有一个董事长，六个核心董事，具体股份分配不详。

（八）央行的独立与实质

私有化的委内瑞拉央行认为：“央行集团适应了货币全球化的挑战。央行拥有和运用了央行独立性，成为经济、金融、货币生活中的核心”（注 34）。这是很谦虚的说法。全球化的独立央行托管或“监管”着国库、国债、预算、税收、外汇、储备、货币、情报，反假币武装等“金融事务”。

央行集团还控制着军工联合体和军事拨款。央行无所不在，股权世袭罔替，政府对央行的管理权毫无意义，也无从管理。国有央行比私有央行，更加深刻地毒害着一个国家正常的政治生活、经济生活和金融生活，替跨国金融僭主体制，合法攫取着各国的主权。

央行体制推动着拉美的反美元思潮，背后的推动者却是拥有着美联储和拉美各国央行的华尔街犹太金融僭主罗思柴尔德家族。比起世界货币、世界央行、世界政府来说，负债累累的美元体制，早就上了金融僭主遗弃的名单。

（九）“黑暗的势力”与“国际金融变革”

美国联邦储备委员会成员、纽约联邦储备银行行长、外交协会成员（注 35）、美国财长、犹太银行家蒂莫西·盖特纳在 2011 年 5 月 25 日说：“有一股黑暗的势力在阻挠国际金融变革”（注 36）。

2008年，在华尔街中情局体系秘密召开的比尔德伯格俱乐部年会上，与黑石基金副总裁罗杰·奥尔特曼一起出席，并在会议上提出：建立世界人体芯片支付体系的人，正是蒂莫西·盖特纳。他在会议上宣布：通过建立一个新的全球性银行业监管框架，这将逐步地使全球距离单一世界货币更近一步，在这样的无现金社会中，交易将通过人体芯片来更便捷地进行（注37）。

（十）跨国银团“反对”美元体制的实质

每一个人和他们的财富，乃至毕生的一切，都变成华尔街金融僭主密室中的虚幻数字，还可以全球遥控，自由改变。这就是高科技金融奴隶制，也是人类历史上最黑暗、最丑陋、最险恶的资本狂想。

了解了拉美央行的历史，才能理解今天拉美央行“建立区域统一货币，反对美元体制” 构想的金融实质。也就理解了华尔街倡导的、所谓的金融全球化的未来。

图片说明：委内瑞拉央行徽章（注38）。

注　释

1. 哥伦比亚概况.新华网刊载：http://news.xinhuanet.com/ziliao/2002-06/19/content_447856.htm
2. 江晓美.（金融人物新传⑦）金融皇帝：拿破仑.北京：中国科学技术出版社.2011 包括：注11
3. 马克思，恩格斯著，中共中央马克思恩格斯列宁斯大林著作编译局译.马克思恩格斯全集.北京：人民出版社.1995（总第二版本）　第8卷，马克思；卡·马克思。路易·波拿巴的雾月十八日（旧译“拿破仑第三政变记”），第五部分，第173页至第174页 包括：注4

4. 同注 3，第 174 页 原文为：“波拿巴是流氓无产阶级的首领。”

5. 查韦斯下令开棺验尸追查玻利瓦尔死因.网易新闻刊载：
http://news.163.com/10/0719/02/6BU04GMH00014AED.html 包括：注 24

6. 肺结核？砷中毒？180 年后开棺验尸 · 揭秘玻利瓦尔之死.重庆晨报数字报刊载：
http://cqcbepaper.cqnews.net/cqcb/html/2010-07/19/content_1208368.htm
文献摘录：“2007 年，查韦斯对外界宣布，根据对历史分析，玻利瓦尔有可能被毒死。他相信，是当时玻利瓦尔的副手、哥伦比亚将军法兰西斯科 · 桑塔纳下毒杀害了玻利瓦尔。查韦斯甚至怀疑国家公墓安葬的未必是玻利瓦尔本人的遗体”。
小注：这段文字文中的“法兰西斯科 · 桑塔纳”，一般译为“法兰西斯科 · 桑坦德”。本书采用了“法兰西斯科 · 桑坦德”的译法。这两个译名是指同一个人。

7. 沈君克.论拉丁货币同盟走向崩溃的原因.山东济南：山东行政学院学报（2011 年之前为“山东行政学院山东省经济管理干部学院学报”）.2006，第 3 期（双月刊），第 102 页至第 103 页

8. （阿根廷）诺伯特 · 盖拉索.没有比自由更重要的问题.布宜诺斯艾利斯（阿根廷）：考利湖出版公司.2000 包括：注 10

9. 何新.统治世界：神秘共济会揭秘.北京：中国书籍出版社.2011 （附录：共济会与黑手党）

10. 同注 8

11. 同注 2

12. 委内瑞拉概况.新华网刊载：
http://news.xinhuanet.com/ziliao/2002-06/23/content_453179.htm

13. （法）莫西克.拿破仑和约瑟芬.纽约：西蒙 · 斯卡特出版公司.1964 第 347 页

14. 墨西哥（2）.央视网（中国中央电视台）刊载：
http://www.cctv.com/geography/jilupian/sanji/020614_2.html

15. 墨西哥南部一废弃银矿中发现多达 25 具无名尸体（视频）.中国新闻网发布：
http://www.chinanews.com/gj/gj-bm/news/2010/05-31/2312824.shtml

16. 张卫中.九国拟用“苏克雷”替代美元.新华网刊载：
http://news.xinhuanet.com/world/2009-10/19/content_12266480.htm

17. 谭融.墨西哥革命制度党的兴衰及给我们的启示.天津：南开学报（哲学社会科学版）.2005，第 4 期（双月刊）

18. （美）安东尼 · C · 萨顿.希特勒的崛起和华尔街.美国：GSG 联合出版公司.1976 第 24 页，表格 2-1（原始文献编号）

19. 江晓美.（金融刺客系列）海上马车夫——荷兰金融战役史.北京：中国科学技术出版社.2009

20. 李志明.为防存款流失 · 阿根廷银行不许多取钱.新浪财经网刊载：
http://finance.sina.com.cn/j/20011212/153974.html

21. （美）艾朗 · 拉索.美国 · 从自由到法西斯（视频）.华盛顿：艾朗 · 拉索制片.2006 第 57 分 41 秒处，原文大意为：“美国采纳了一个共产主义的政治纲领。为美国带来了这个中央银行（指美联储）”。

22. 国务院新闻办公室.2010 年美国的人权纪录.中国政府网刊载：
http://www.gov.cn/jrzg/2011-04/10/content_1841245.htm
原始注释编号和出处：
①（注 2）Criminal Victimization 2009，U.S. Department of Justice，www.ojp.usdoj.gov
②（注 33）《华尔街日报》，2010 年 12 月 1 日。
③（注 44）data.bls.gov
④（注 54）www.ers.usda.gov
⑤（注 56）《侨报》，2010 年 11 月 16 日。
⑥（注 57）美联社，2010 年 10 月 22 日。
⑦（注 64）homepost.kpbs.org
23. 摩门经 · 奥姆乃书 第 14 段至第 17 段
24. 同注 5
25. 同注 22 "⑦"
26. 江晓美.（金融刺客系列）开国的苦斗——美国金融战役史.北京：中国科学技术出版社.2009
27. 追查玻利瓦尔死因 · 委内瑞拉总统下令开棺验尸.新华网刊载：
http://news.xinhuanet.com/world/2010-07/18/c_12345316.htm 包括：注 27、注 28
28. 同注 27
29. 委内瑞拉查韦斯将提议创建新型区域货币（视频）.央视网（中国中央电视台）发布：http://news.cctv.com/world/20090926/102725.shtml 包括：注 30
30. 同注 29
31. 委内瑞拉央行的历史.委内瑞拉央行网站刊载：
http://www.bcv.org.ve/EnglishVersion/c3/index.asp?secc=history
包括：注 32、注 33、注 34
32. 同注 31
33. 同注 31
34. 同注 31
35. 蒂莫西 · 盖特纳.新华网刊载：
http://news.xinhuanet.com/world/2008-11/25/content_10411134.htm
36. 盖特纳说："黑暗力量"对抗金融变革.美国花朵新闻网站刊载：
http://www.bloomberg.com/news/2011-05-25/-dark-forces-fighting-financial-reform-geithner.html
37. 江晓美.货币长城.北京：中国科学技术出版社.2009
38. 委内瑞拉央行首页徽章（首页截图）.委内瑞拉央行网站：http://www.bcv.org.ve

文献标注仅为背景介绍，在诸多索引未及罗列，特此致谢。本书索引中的生僻文献，多来自电子图书。电子版图书制作过程中，有时页码与纸书稍有出入。为了可靠起见，除了可以确认纸书页码的文献和重要文献，均不标注页码。请多提宝贵意见。